JN025642

2024年版 　　　　　　　重★要★論★点★攻★略

中小企業診断士試験

ニュー・クイックマスター

企業経営理論

中小企業診断士試験クイック合格研究チーム
志田 遼太郎

3

同友館

はじめに
—— 中小企業診断士試験を受験される皆様へ ——

中小企業診断士とは

　中小企業診断士は中小企業が健全な経営を行うために、適切な企業診断と経営に対する助言を行う専門家で、「中小企業支援法」に基づいた国家資格です。その資格の定義として、一般社団法人中小企業診断協会のホームページ上で、「中小企業診断士制度は、中小企業者が適切な経営の診断及び経営に関する助言を受けるに当たり、経営の診断及び経営に関する助言を行う者の選定を容易にするため、経済産業大臣が一定のレベル以上の能力を持った者を登録するための制度」としています。そして、その主な業務は「現状分析を踏まえた企業の成長戦略のアドバイス」であり、専門的知識の活用とともに、企業と行政、企業と金融機関等のパイプ役、中小企業への施策の適切な活用支援まで、幅広い活動に対応できるような知識や能力が求められています。

中小企業診断士試験の１次試験とは

　診断士の資格を得るためには、一般社団法人中小企業診断協会の診断士試験に合格しなければなりません。試験は１次試験の合格が必須で、合格後は①筆記の２次試験を受験し合格する、②独立行政法人中小企業基盤整備機構もしくは登録養成機関が実施する養成課程を修了する、のいずれかをクリアしなければ最終的な資格取得にはなりません。

　いずれにせよ、資格取得のためには診断士１次試験の突破は必要で、その受験科目は診断士として必要な学識を問う７科目で、〔A経済学・経済政策　B財務・会計　C企業経営理論　D運営管理（オペレーション・マネジメント）　E経営法務　F経営情報システム　G中小企業経営・中小企業政策〕といった多岐にわたる筆記試験（多肢選択式）になっています。

１次試験突破に向けた本書の活用法

　このニュー・クイックマスターシリーズは、中小企業診断士１次試験７科目の突破に向け、できる限り効率的に必要な知識をマスターしていく、そこにウエイトを置いて編集されています。すなわち、７科目という幅広い受験科目の

中で試験に出やすい論点を重視し、網羅性や厳密さより学習する効率性や最終的な得点に結びつく効果を重視しています。そのため、財務・法務・情報システムのように別の資格試験では、さらに専門性が問われ、詳細な説明が必要とされている部分も、診断士1次試験に必要な部分だけに的を絞り、それ以外を思い切って削っています。

　本書は、各科目の項目ごとに必要な章立てがあり、そこでよく問われる（問われる可能性がある）項目を「論点」として掲げ、その【ポイント】で一番重要な部分を示し、本文の中で「論点を中心に必要な解説および図表」といった構成になっています。さらに【追加ポイント】と【過去問】で受験対策へのヒントを示しています。過去の試験で問われた箇所がわかることで、試験対策のイメージが湧き対策も練れることと思います。

　本書が思い切って網羅性よりも効率性を優先させた分、受験生である皆様の理解度や必要に応じて、本書の空きスペースに書き込むといった「自分の虎の巻である参考書」を作ることをお勧めします。理解への補足説明が必要な際は、インターネットや市販の書籍を通じ、知識の補完を本書に書き込むセルフマネジメントを試み、自分の使えるオリジナル参考書にしてください。

　本書では、**頻出論点をクイックに押さえるために、各論点に頻出度をA、B**でランク付けしています。また、2次試験で問われる論点には「2次」と記載しています。原則として、令和元年度から令和5年度の過去5年間で4回以上を「A」、3回を「B」としています。

　併せて、令和4年度と令和5年度の1次試験の中で、今後も出題が予想される頻出論点の問題には解答・解説を掲載しました。まずはこの問題から押さえてください。

　1次試験は、あくまで中小企業診断士の資格取得までの通過点に過ぎません。診断士試験は、限られたご自身の時間という経営資源を、より効果的・効率的に使い、あきらめずに真摯に立ち向かえば、必ず合格できる試験です。何よりもそんな時の頼れるパートナーでありたい、そんな本書をいつでも手元に置き、試験突破に向けてフル活用していただき、次のステップへ駒を進めてください。

ニュー・クイックマスター「企業経営理論」に関して

　診断士試験で一番の主要科目である「企業経営理論」は、企業が健全な経営を行うために、最も必要かつ重要なポイントである以下の3つの柱から成り立っています。

【経営戦略論】

　経営資源と呼ばれる「ヒト・モノ・カネ・時間・情報」をいかに効率的に使うかや、そのための戦略はどうあるべきかについて、数々の理論を使って把握することができます。

【組織論】

　経営資源を上手に活かすことのできる組織はどのようにすれば作ることができるのかについて、そして、その組織で人が能力を最大限に活かすにはどうすればよいかを考えることが重要です。また、その組織を運営するために押さえなければいけない各法律があります。

【マーケティング論】

　マーケティングは、実際に商品が顧客に渡るまでの関連するあらゆる業務がその範囲に入ります。つまり、商品開発、実際のものづくり、そして、パッケージ作成、流通、アフターサービス等々、商品に関わるすべての活動が「マーケティング」なのです。

　上記の柱は、2次試験でも全科目（特に事例のⅠとⅡ）と密接な関係があり、7科目のうち、一番理解をしておきたい科目になっています。

　ニュー・クイックマスター「企業経営理論」では、診断士試験において一番のベースとなる本科目について、必要になるポイントを重点的に解説しています。本書の内容を理解することで、試験突破はもちろんのこと、中小企業診断士としての基礎的なスキルを身に付けることが可能です。

中小企業診断士試験クイック合格研究チーム

志田　遼太郎

【目 次】

Ⅲ マーケティング論 185

第1章 マーケティングの基礎概念 186

第2章 マーケティング計画と市場調査 192

＊頻出論点をクイックに押さえるために、各論点に頻出度をA、Bでランク付けして記載している。
原則として、令和元年度から令和5年度の過去5年間で4回以上を「A」、3回を「B」としている。また、2次試験で問われる論点は「2次」と記載している。

序　章

「企業経営理論」の過去問対策

1　令和5年度1次試験の分析

2　令和5年度の**重要・頻出問題にチャレンジ**

3　令和4年度の**重要・頻出問題にチャレンジ**

（おことわり）

本書では2023年8月5日、6日開催の1次試験について解説をしています。沖縄地区における再試験は出題数等に反映しておりません。

1 令和5年度1次試験の分析

1 総評

- 全体として、大問は昨年同様 37 問、設問は 41 問のまま据え置きとなった。

- 五肢択一問題が令和 4 年度と比べ 6 問減り、令和 2 年度以前の傾向に戻った。

- 各カテゴリーの問題数としては、経営戦略論および組織論、マーケティング論いずれも令和 4 年度から変化はなく、経営戦略論が 13 問、組織論が 14 問、マーケティング論が 14 問であった。

令和 5 年度の出題論点の傾向は、過去 5 年間から大きな変化はないと見受けられる。

経営戦略論においては、競争要因や M&A、CSR など毎年のように出題されているオーソドックスな論点から出題されている。

組織論においては、組織形態や組織文化、動機づけ理論などの頻出論点からも出題されているが、一部において見慣れない論点からの出題も見られた。また、例年同様、労働関連法規に関する論点も 4 問出題されている。

マーケティング論においては、ブランドや消費者の購買意思決定、マーケティング・ミックスの各要素に関する論点が変わらず出題されている。

例年どおり理解しにくい文章が多く、しっかりとした知識をもとに選択肢を絞る必要がある問題であった。

2 全体概況

問題数	問題数：41 令和4年度と比較し、総問題数については変更がなかった（大問数も変化はなかった）。
出題形式	令和4年度同様、文章選択問題が出題の中心であった。 令和4年度と比べ、五肢択一問題が6問減った（令和2年度以前の傾向に戻った）。
出題分野	経営戦略論、組織論、マーケティング論の3分野からの出題。 例年同様、傾向は変わっていない。
難易度	令和4年度よりやや易化したと思われる。 経営戦略論については、頻出論点が比較的多かったが、各種理論の細部を問われるなど、選択肢が絞りづらい問題も一部にあった。 組織論については、頻出論点からも出題されているが、一部において見慣れない論点からの出題も見られた。労働法規からの出題に関しては、基本的な問題や時事的な内容も含まれており、半分は正解したいところである。 マーケティング論については、頻出論点からの出題が多く、基礎知識や一般常識をもとに解答、もしくは選択肢を絞ることができる問題も多数見られた。頻出論点の中でも細部が問われ選択肢が絞りづらい問題も一部あったため、デジタル・マーケティングやサスティナブルなどのトレンドに関する問題で得点を稼ぎカバーしたいところである。 経営戦略論や組織論を中心に得点を稼ぎ、マーケティング論の中でも得点しやすい問題を得点することが求められる出題構成であった。

3 頻出分野と対策

第2問 VRIO フレームワーク	【分析】 ● VRIO分析は、2年連続で出題されており、頻出の重要論点のひとつである。 ● 令和5年度はVRIO分析に関する基本的な知識を問う問題が出題されている。 【対策】 ● I. 経営戦略論の【論点19：VRIO分析】に整理されているVRIO分析の4つの視点について学習をするとよい。 ● VRIO分析の4つの視点でも特に重要な模倣困難性は、特に理解を深めておくとよい。

第4問 経験曲線効果	【分析】 ●経験曲線効果は、ここ5年間、隔年で出題されており、頻出の重要論点のひとつである。 ●令和5年度は関連性の高い、マーケティング論の価格戦略も同時に問われた。 【対策】 ●Ⅰ.経営戦略論の【論点14：製品ライフサイクルと経験曲線効果】およびⅢ.マーケティング論の【論点19：新製品の価格戦略】を中心に、関係する論点について理解を深めておくとよい。 ●経営戦略とマーケティング論が組み合わされた出題のため戸惑うかもしれないが、関連性のある論点を同時に学習することで理解をより深めたい。
第14問 組織形態	【分析】 ●組織形態に関する論点は、ここ4年毎年出題されており、頻出の重要論点のひとつである。 ●令和5年度は令和4年度と同様、さまざまな組織形態に関する比較的単純な知識が問われる出題がなされた。 【対策】 ●Ⅱ.組織論の【論点6：基本的組織形態】をはじめとして、各組織形態の特徴、メリット、デメリットを理解しておくとよい。 ●基本的な知識を用いて選択肢を絞ることもできるが、2次試験を解くうえで理解が必要な論点のため、正確に理解して得点源にできるようにしておきたい。
第16問 職務特性モデル	【分析】 ●職務特性モデルを含む動機づけ理論は、ここ5年間で3回ほど出題されている重要論点のひとつである。 ●令和5年度は、職務特性モデルに関する基本的な知識を問う問題が出題されている。 【対策】 ●動機づけ理論はさまざまなものがあるが、Ⅱ.組織論の【論点15：職務充実と職務拡大】をはじめとして、各動機づけ理論の概要・違いを理解して区別できるようにしておきたい。 ●動機づけ理論は、ある特定の理論について詳細を問われる出題形式や、さまざまな理論の基本を問われる出題形式があることも留意しておくとよい。

第32問（設問2） **クチコミ**	**【分析】** ●クチコミに関する論点は、何かしらのかたちで毎年のように出題されている重要論点のひとつである。 ●令和5年度はクチコミについて、関連するさまざまな知識が広く問われた。 **【対策】** ●Ⅲ. マーケティング論の【論点9：社会的決定要素】を起点とした学習をするとよい。 ●クチコミは世の中のトレンド的にも重要性が年々増しており、今後の試験でも問われる可能性が高いため、クチコミに関連するコミュニケーション戦略等の知識もあわせて押さえておきたい。
第35問（設問2） **消費者に及ぼす** **心理的効果**	**【分析】** ●消費者に及ぼす心理的効果に関する論点は、隔年で出題されており、頻出の重要論点のひとつである。 ●令和5年度は、関連するさまざまな理論の基本的な知識を問う問題が出題されている。 **【対策】** ●Ⅲ. マーケティング論の【論点10：心理的決定要素】を起点とした学習をすることで、どのような理論が問われても、選択肢を絞れるようにしておきたい。

④ 60点攻略のポイント～『ニュー・クイックマスター』を使ってできること～

頻出論点をしっかりと押さえることがカギ！

- 『2024年版　ニュー・クイックマスター　企業経営理論』では、過去5年間で4回以上取り上げられた論点をA、3回取り上げられた論点をBとしている。企業経営理論は他の科目よりも論点が多く、AおよびBとした論点は全体の約3割強であるが、これらの論点からの出題頻度は高く、令和5年度1次試験でいえば、AおよびBとした論点をすべて押さえられていれば、約6割の問題をカバーすることができた。

  したがって、特に1次試験学習をこれから始める初学者や、なかなか合格得点圏へ近づくことができない受験生は、いろいろな教材に手を伸ばす前に、この書籍内でAおよびBとしている論点を確実に理解し、本試験においても使いこなせるようにしてほしい。そのうえで、問題演習に取り組むことで本番に向けた力をさらに強固にすることができる。そのはじめの一歩として、本書を最大限活用していってほしい。

各論点から派生する用語や背景の基礎として使うことができ、
効率的な学習につながる！

- 特に企業経営理論でいえることだが、各論点の丸暗記だけでは点数に直結することはあまりなく、それらの論点が出てきた背景や他の論点とのつながりを理解してはじめて正答にたどり着くケースが多い。これは、出題形式が文章選択問題である比率が高く、断片的な知識だけでは太刀打ちできないためである。また、論点の範囲内ではあるものの、この書籍で扱われていない用語が出題されることもめずらしくない。限られた時間での学習となる受験生がほとんどと思われるが、この書籍内で整理された論点を起点とし、効率的に派生用語や背景なども確認していってほしい。

2次試験まで意識した論点整理にも使える！

- 企業経営理論で学習する内容には、2次試験にて使う知識が特に多く含まれている。1次試験から2次試験までの準備期間は約12週間と非常に短く、これら2つのタイプの試験を別々に準備するのは非効率であるため、1次試験の学習段階から2次試験も意識し、この書籍内で整理された論点を理解していってほしい。

VRIO フレームワーク

頻出度
B

➡ p.72

■ 令和5年度　第2問

　J.B.バーニーが提唱した「VRIO フレームワーク」に則った記述として、最も適切なものはどれか。

ア　外部環境の機会を適切に捉えた価値がある経営資源であれば、業界内において希少でなくても、持続的な競争優位の源泉となる。

イ　価値があり、業界内において希少で、別の経営資源で代替される可能性が少ない経営資源を保有していても、それが組織体制とコンフリクトを起こすようであれば、組織体制を変更せずに経営資源を見直さなければならない。

ウ　価値が高く、業界内で希少な経営資源では、一時的な競争優位を得ることはできない。

エ　業界内で模倣困難かつ希少で価値ある経営資源を有していても、競争優位性を持続的に確立できないことがある。

解答	エ

■ 解説

　VRIOフレームワークに関する出題である。参考として、Ⅰ. 経営戦略論の【論点19：VRIO分析】を参照してほしい。

ア：不適切である。外部環境の機会を適切に捉えた価値がある経営資源でも、希少性と模倣困難性がなければ、持続的な競争優位の源泉にはならない。

イ：不適切である。価値があり、業界内において希少で、別の経営資源で代替される可能性が少ない経営資源を保有していても、組織として活用できなければ持続的な競争優位を十分に発揮できていない状態となる。模倣困難な資源を活用して競争優位性を高めるために、組織体制を見直すことが望ましい。

ウ：不適切である。価値が高く、業界内で希少な経営資源は、一時的な競争優位を得ることができると考えられている。

エ：適切である。業界内で模倣困難かつ希少で価値ある経営資源を有していても、競争優位性を持続的に確立できないことがある。選択肢イで挙げたように、持続的競争優位の源泉を活用するためには、それを活かせる組織体制も必要となる。

　以上より、エが正解である。

経験曲線効果

➡ p.62, 226

■ 令和5年度　第4問

　経験曲線効果を用いた価格戦略に関する以下の記述について、空欄A～C に入る語句の組み合わせとして、最も適切なものを下記の解答群から選べ。

　それまでにない全く新しい製品を発売する場合や、製品自体の存在が認識されておらず市場がなかなか拡大しない場合、製品ライフサイクルの初期段階でコストリーダーとなるためには　A　戦略をとる必要がある。この戦略は、需要を喚起させるために思い切った低価格を設定し、ライバル企業よりも先に自社製品の生産数量および販売数量を増やすというものである。当該製品の経験曲線効果が　B　、コスト低下のペースが　C　場合、この戦略はより効果的である。

〔解答群〕

ア　A：上澄み価格　　B：大きく　　C：速い

イ　A：上澄み価格　　B：小さく　　C：遅い

ウ　A：上澄み価格　　B：小さく　　C：速い

エ　A：浸透価格　　　B：大きく　　C：速い

オ　A：浸透価格　　　B：小さく　　C：遅い

解答	エ

■ 解説

経験曲線効果に関する問題である。参考として、Ⅰ. 経営戦略論の【論点14：製品ライフサイクルと経験曲線効果】およびⅢ. マーケティング論の【論点19：新製品の価格戦略】を参照してほしい。

経験曲線効果：累積生産量が増加していくことで、単位当たりのコストが低減
　　　　　　　していくという経験則。
浸透価格戦略：新製品を市場に導入する場合に、低い価格を設定し多数の買い
　　　　　　　手をすばやく獲得してシェアを獲得する価格戦略。

製品ライフサイクルの初期段階でコストリーダーになるためには浸透価格戦略をとる必要があるが、市場に浸透しやすい低い価格設定で販売するためには、同時に製品コストを下げる必要もある。

市場浸透価格により累積販売量を増やすことができれば、それに伴い累積生産量も増えるため、経験曲線効果により製品コストも下がることにつながる。

よって、経験曲線効果が大きく、コスト低下のペースが速い場合、この戦略はより効果的になる。

以上より、エが正解である。

組織形態

➡ p.106, 110, 114

■ 令和5年度　第14問

　主要な組織形態に関する記述として、最も適切なものはどれか。

ア　機能別組織では、機能別部門の管理をそれぞれの部門の長に任せることから、事業部制組織よりも次世代経営者の育成を行いやすい。

イ　機能別組織では、知識の蓄積が容易であるため、事業の内容や範囲にかかわらず経営者は意思決定を迅速に行いやすい。

ウ　事業部制組織では、各事業部が自律的に判断できるために、事業部間で重複する投資が生じやすい。

エ　事業部制組織では、各事業部が素早く有機的に連携できるため、機能別組織よりも事業横断的なシナジーを創出しやすい。

オ　マトリックス組織は、複数の命令系統があることで組織運営が難しいため、不確実性が低い環境において採用されやすい。

解答	ウ

■ 解説

　組織形態に関する出題である。参考として、Ⅱ. 組織論の【論点6：基本的織形態】【論点7：事業部制組織】【論点9：マトリックス組織】を参照してほしい。

ア：不適切である。事業部制組織は、事業部の中にさまざまな機能（総務・営業など）を有しており、事業部の長は事業に関する大きな権限を委譲されているため、他の組織形態と比べ、次世代経営者育成の効果が高い。それに対し、機能別組織は特定の機能ごとに組織化されているため、特定の機能における専門家と長を育成する効果があるが、次世代経営者育成の効果は薄い。

イ：不適切である。機能別組織は、機能ごとに組織が細分化されているため組織が縦割りとなり、組織間のコンフリクトが発生しやすい。経営者はそのコンフリクト解消のための調整や、各機能の情報を集約することに負担がかかるため、意思決定が迅速に行いやすいとはいえない。

ウ：適切である。事業部制組織は、権限委譲により各事業部が自らの事業部にとって最適化された投資を行う。各事業部にとって最適化された投資は、全社最適な投資にならずに重複した投資が生じやすくなる。

エ：不適切である。事業部制組織は、各事業部が独立して意思決定をするため、事業部間が素早く有機的に連携するわけではない。機能別組織は、事業横断で各機能の役割を提供しているため、事業横断的なシナジーが創出しやすい。

オ：不適切である。マトリックス組織は、不確実性が高い環境において組織の柔軟性を高めることで、環境への対応力を高めるという狙いがある。以上のとおり、不確実性の高い環境において採用されやすい。

　以上より、ウが正解である。

職務特性モデル

■ 令和5年度　第16問

　職務に対する従業員のモチベーションは、組織から与えられる報酬だけではなく、担当する職務の特性それ自体からも影響を受ける。

　J.R.ハックマンとG.R.オルダムによって提唱された職務特性モデルに関する記述として、最も適切なものはどれか。

ア　技能多様性、タスク完結性、タスク重要性の度合いが高いほど、従業員はその仕事に価値や意義を見出すようになる。

イ　職務特性モデルでは、従業員の心理状態が中核的な職務特性を介して従業員の仕事の成果に影響を及ぼすと考える。

ウ　成長欲求の程度が低い従業員は、その程度が高い従業員と比べて、自律性の高い仕事を与えられた場合に、仕事の結果への責任感をより強く感じる傾向がある。

エ　タスク完結性とは、仕事のスケジュールや手順を決めるにあたって、担当者が自己完結的にそれらを自由に決められる程度を指す。

オ　幅広い工程を一貫して担当することが求められるタスクは、細分化された1つの工程を担当するタスクよりもタスク重要性が高い。

解答	ア

■ **解説**

　職務特性モデルに関する出題である。参考として、Ⅱ. 組織論の【論点15：職務充実と職務拡大】を参照してほしい。

ア：適切である。技能多様性、タスク完結性、タスク重要性の度合いが高いほど、従業員の重要な心理状態として仕事の有意味感が高まる。その結果、従業員の内発的動機づけが高まると考えられている。

イ：不適切である。職務特性モデルでは、中核的な職務特性が従業員の心理状態に変化を与えて、従業員の成果に影響を及ぼすと考えられている。

ウ：不適切である。自律性の高い仕事を与えられた場合に、仕事の結果への責任感をより強く感じる傾向があるのは、成長欲求の程度が高い従業員である。

エ：不適切である。タスク完結性とは、どれだけ仕事の全体像をつかみ、その仕事を始めから終わりまで関与することができるかという性質である。

オ：不適切である。幅広い工程を一貫して担当することが求められるタスクは、細分化された1つの工程を担当するタスクよりもタスク完結性が高い。なお、タスク重要性は、どれだけ他者の生活や社会に影響を与えられるかという性質である。

　以上より、アが正解である。

クチコミ

頻出度 A

➡ p.202

■ 令和5年度　第32問 (設問2)

次の文章を読んで、下記の設問に答えよ。

さまざまな新しいSNSの登場や、メタバースなどの新しい技術の登場により、①デジタル・マーケティングが急速に進展している。このようなトレンドを背景にして、②消費者同士のクチコミやインフルエンサーの影響力などに対しても、ますます注目が集まっている。

(設問2)

文中の下線部②に関する記述として、最も適切なものはどれか。

ア　カスタマー・ジャーニーにおけるタッチポイントとは、企業やマーケターと顧客との接点であり、SNSやレビューサイトなどに投稿された当該企業に関連するクチコミも、タッチポイントである。

イ　実際には企業が費用を負担している広告であるにもかかわらず、広告であることを隠して行われるステルス・マーケティングは、特にインフルエンサーを用いたマーケティングに多く見られる。2022年には消費者庁が、このようなステルス・マーケティングを不当廉売として規制する方向で準備を開始した。

ウ　スマートフォンを用いて誰もが日常生活の中で気軽にSNSに写真や意見などを投稿できるようになった結果、それらを閲覧する消費者の製品やサービスへの平均的な関心の強さや知識レベルなどは低下する傾向が見られ、結果としてカスタマー・ジャーニーにおけるクチコミの重要性も低下している。

エ　製品やサービスの仕様や性能などに関する探索属性と呼ばれる情報が豊富であることは、SNSやクチコミサイトなどに投稿されるクチコミの最大の強みである。

解答	ア

■ 解説

　クチコミに関する出題である。参考として、Ⅲ.マーケティング論の【論点9：社会的決定要素】を参照してほしい。

ア：適切である。カスタマー・ジャーニーのタッチポイントは、WEB広告やパンフレットなどの企業側が用意したポイントだけでなく、クチコミサイトなどで消費者側の発信もタッチポイントとなる。

イ：不適切である。ステルス・マーケティングは、不当廉売ではなく景品表示法違反となる。

ウ：不適切である。スマートフォンを用いて誰もが日常生活の中で気軽にSNSに写真や意見などを投稿できるようになった結果、それらを閲覧する消費者の製品やサービスへの平均的な関心の強さや知識レベルなどは上昇する傾向が見られ、結果としてカスタマー・ジャーニーにおけるクチコミの重要性も上昇している。

エ：不適切である。SNSやクチコミサイトなどの最大の強みは、購入以前に品質を把握することが不可能な経験属性と呼ばれる情報が豊富なことである。なお、探索属性は、購入前に品質を把握することが可能な属性である。

　以上より、アが正解である。

消費者に及ぼす心理的効果

■ 令和5年度　第35問（設問2）

次の文章を読んで、下記の設問に答えよ。

消費者ニーズの充足や顧客満足の向上を目指すマーケティングにとって、消費者を理解することは不可欠である。企業は、①消費者の購買意思決定プロセスや②消費者に及ぼす心理的効果についての理解を通して、適切なマーケティングを実行していく必要がある。

（設問2）

文中の下線部②に関する記述として、最も適切なものはどれか。

ア　アンカリング効果は、全く同じコーヒーが1,000円で提供されていた場合に、高級ブランド店が立ち並ぶエリアにあるカフェではそれほど高価に感じないが、若者向け商品を低価格で提供するカジュアルな店が立ち並ぶエリアにあるカフェでは高価に感じるような現象を説明することができる。

イ　サンクコスト効果は、事前に購入する回数券の使用期限が近づくほど利用頻度を増加させることによって使い切ろうとする消費者心理を説明することができる。

ウ　バンドワゴン効果は、小さなカップにあふれそうな量を盛り付けることで人気のジェラート店が、今までと同じ量を入れても余裕がある大きさのカップに変更した結果、以前よりも顧客が商品に価値を感じなくなるという現象を説明することができる。

エ　プロスペクト理論は、交通費や昼食費は数百円の支出でも痛みを感じて節約しようとするにもかかわらず、コンサートや洋服といった自分の好きなことやモノに対しては数百円の支出の増加は気にならないという現象を説明することができる。

解答	ア

■ 解説

　消費者に及ぼす心理的効果に関する出題である。参考として、Ⅲ.マーケティング論の【論点10：心理的決定要素】を参照してほしい。

ア：適切である。アンカリング効果とは、先に与えられた情報により、その後の意思決定が左右されてしまう認知バイアスの一種である。全く同じ1,000円のコーヒーでも、販売している店舗が立地するエリアの情報が先に与えられることで、コーヒーの価値や価格に対する認知にバイアスがかかるという現象である。

イ：不適切である。サンクコスト効果とは、すでに支払済みで取り戻すことができないコストに意識を取られ、非合理的な意思決定をしてしまう心理的効果のことである。事前に購入した回数券を使用することで満足できる効用が得られるのであれば、消費期限が近づくほど利用頻度を増加させることは非合理的な意思決定ではない。

ウ：不適切である。バンドワゴン効果とは、多くの人が支持しているものごとに対し、より多くの支持が集まるという心理的効果である。

エ：不適切である。プロスペクト理論とは、不確実な状況下での意思決定において、事実と異なる認識の歪みが作用するという意思決定をモデル化したもので、認識のゆがみの発生を説明したものである。

　以上より、アが正解である。

3 令和4年度の重要・頻出問題にチャレンジ

PPM

頻出度 B

→ p.60

■ 令和4年度　第2問

　ボストン・コンサルティング・グループ(BCG)が開発した「プロダクト・ポートフォリオ・マネジメント」(以下「PPM」という)と、その分析ツールである「プロダクト・ポートフォリオ・マトリックス(または「成長－シェア・マトリックス」)」に関する記述として、最も適切なものはどれか。

ア　PPMでは、「金のなる木」で創出した資金を「花形」に投資して、次世代を担う事業を育成することが、最適な企業成長を図る上での中核的なシナリオとして想定されている。

イ　PPMでは、「負け犬」に位置づけられる事業は「収穫(harvest)」ないし「撤退(withdraw)」の対象とすることが、望ましいとされる。

ウ　PPMは企業における事業のポートフォリオを検討する手段であることから、そこでは、ヒト、モノ、カネといった経営資源に関する事業間のシナジーは、考慮されない。

エ　プロダクト・ポートフォリオ・マトリックスの縦軸は、当該企業の各事業(戦略事業単位(SBU))の成長率で構成される。

オ　プロダクト・ポートフォリオ・マトリックスの横軸は、各事業(戦略事業単位(SBU))が属する業界の集中度を示すエントロピー指数で構成される。

解答	イ

■ **解説**

　PPMに関する出題である。参考として、Ⅰ. 経営戦略論の【論点13：PPM】を参照してほしい。

ア：不適切である。「金のなる木」で創出した資金は、「花形」だけでなく「問題児」や研究開発の選別された事業へ投資されることで、企業の収益増と成長の実現を図る。

イ：適切である。「負け犬」は市場成長率が低く、相対的市場占有率も低いため資金流入が少なく「撤退」も経営判断の選択肢となる。しかし、資金流出が少なく、「収穫」を選択することで収益を得られることもあるため、即撤退というわけではない。

ウ：不適切である。PPMは多角化した企業の各SBU（戦略事業単位）が「問題児」「花形」「金のなる木」「負け犬」のどこに位置しているか把握し、資源配分を検討するための戦略策定手法である。事業のポートフォリオを検討するための手段とはいえない。しかし、各SBU間の経営資源のシナジーは見落とされている。

エ：不適切である。PPMの縦軸は、「市場成長率」である。

オ：不適切である。PPMの横軸は、「相対的市場占有率」である。

　以上より、イが正解である。

■ 令和4年度　第3問

　組織内外の環境を分析するための枠組み（フレームワーク）に関する記述として、最も適切なものはどれか。

ア　「PESTフレームワーク」では、企業を取り巻く外部環境を、政治、経済、社会、技術の観点から分析する。

イ　「VRIOフレームワーク」によると、経営資源について、経済的価値が認められるか、希少性が高いか、模倣が困難であるか、その経営資源を活用できる組織能力があるか、という条件のうち、1つでも満たされていれば持続的競争優位に資する経営資源と判断される。

ウ　「戦略分析の3C」はマーケティング環境を分析するための枠組みであり、資本、顧客、競合に着眼して分析を行う。

エ　M.ポーターが提示した「価値連鎖（Value Chain）」は、価値がどの機能で生み出されるかを可視化する分析枠組みであり、購入物流、製造、出荷物流、サービスなどの主要活動と、技術開発、人事・労務管理、調達活動、販売・マーケティングなどの支援活動から構成される。

オ　M.ポーターによる「5つの競争要因（Five Forces）」は、当該業界の成長性を決定する諸要因である。

<table>
<tr><td>解答</td><td>ア</td></tr>
</table>

■ 解説

　環境分析に関する問題である。参考として、I. 経営戦略論の【論点6：環境分析】【論点15：競争要因（5フォースモデル）】【論点19：VRIO分析】【論点20：価値連鎖（バリューチェーン）】および、III. マーケティング論の【論点16：市場性評価とマーチャンダイジング】を参照してほしい。

ア：適切である。「PESTフレームワーク」は、企業を取り巻く外部環境のなかでもマクロ環境（世の中の全体の流れ）を分析する際のフレームワークである。なお、マクロ環境は企業がコントロールすることができない。

イ：不適切である。VRIO分析では、持続的競争優位に資する資源と判断されるのは、保有する経営資源が「経済的価値がある」「希少性がある」「模倣が困難である」の3つの条件が満たされた場合である。

ウ：不適切である。「戦略分析の3C」は、市場（Customer）、競合（Competitor）、自社（Company）に着目してマーケティング環境を分析する。

エ：不適切である。「価値連鎖（Value Chain）」では、「販売・マーケティング」は顧客に価値を提供するうえで直接関与する主要活動に分類される。また、「全体管理（インフラストラクチャ）」は顧客と直接関与しないが、主要活動を遂行するために必要な支援活動に含まれる。

オ：不適切である。「5つの競争要因（Five Forces）」は、当該企業が置かれている業界を取り巻くさまざまな脅威を5つの競争要因に分類するフレームワークである。ポーターは、企業の収益性を決める要因が、5つの競争要因によって形成されるとした。

　以上より、アが正解である。

海外進出

■ 令和4年度　第11問

　企業が海外に進出する際の形態に関する記述として、最も適切なものはどれか。

ア　完全子会社を新設し、海外市場に進出する形態をブラウンフィールドと呼び、1980年代に日本企業が海外に進出するとき、この方法が多用された。

イ　企業が他の国の会社を買収することをクロスボーダー企業買収と呼び、海外進出形態の中で最も時間のかかる参入方法である。

ウ　戦略的提携による海外進出とは、提携に参加するすべての企業が出資をした上で、進出国のパートナーと進出国で事業を行うことである。

エ　ライセンス契約で海外進出をする場合、契約が失効した後、ライセンシーがライセンサーの競合企業となるリスクがある。

| 解答 | エ |

■ 解説

　海外進出に関する出題である。参考として、Ⅰ. 経営戦略論の【論点28：海外進出】を参照してほしい。

ア：不適切である。完全子会社を新設し、海外市場に進出する形態をグリーンフィールド（グリーンフィールド投資）と呼ぶ。ブラウンフィールド（ブラウンフィールド投資）は、現地の既存の企業等に投資・買収する形態である。

イ：不適切である。クロスボーダー企業買収は企業が他の国の会社を買収することである。既存企業を買収するため、新たに現地法人を設立して市場開拓をする方法等と比べ、比較的時間がかからない参入方法である。最も時間のかかる参入方法とはいえない。

ウ：不適切である。戦略的提携による海外進出には、「資本提携」と「業務提携」がある。「業務提携」は出資を伴わない戦略的提携である。

エ：適切である。ライセンス契約で海外進出をして契約が失効した場合、ライセンシーは契約対象の知的財産権やブランド等が使用できなくなるが、契約期間に得たノウハウ等は残るため競合になるリスクがある。

　以上より、エが正解である。

組織形態

■ 令和4年度　第13問

経営組織の形態と構造に関する記述として、最も適切なものはどれか。

ア　事業部制組織では事業部ごとに製品－市場分野が異なるので、事業部を共通の基準で評価することが困難なため、トップマネジメントの調整負担が職能部門別組織に比べて大きくなる。

イ　職能部門別組織は、範囲の経済の追求に適している。

ウ　トップマネジメント層の下に、生産、販売などの部門を配置する組織形態が職能部門別組織であり、各職能部門はプロフィットセンターとして管理される必要がある。

エ　マトリックス組織では、部下が複数の上司の指示を仰ぐため、機能マネジャーと事業マネジャーの権限は重複させておかなければならない。

オ　命令の一元化の原則を貫徹する組織形態がライン組織であり、責任と権限が包括的に行使される。

解答	オ

■ 解説

　組織形態に関する出題である。参考として、Ⅱ.組織論の【論点6：基本的組織形態】【論点7：事業部制組織】【論点9：マトリックス組織】を参照してほしい。

ア：不適切である。選択肢の内容は職能別組織についての説明である。なお、事業部制組織の各事業部の評価は、事業部貢献利益、投下資本利益率（ROI）、残余利益などが用いられる。

イ：不適切である。職能別組織は、「範囲の経済」ではなく「規模の経済」の追求に適している。職能別組織は各組織が特定の業務処理に特化するため、作業の習熟度が上がり業務の処理能力が上がるためである。

ウ：不適切である。トップマネジメント層の下にプロフィットセンターが管理されるのは事業部制組織である。事業部制組織は、トップマネジメント層の下に製品別、地域別、顧客別等のプロフィットセンター（利益責任単位）が管理される。なお、トップマネジメント層の下に、生産、販売などの部門を配置するのは職能部門別組織である。

エ：不適切である。マトリックス組織は、部下に複数の上司が存在するため指揮命令系統が混乱しやすい。そのため、各上司の権限を重複させるのではなく、責任と権限の明確化や管理者間の事前コミュニケーションが重要となる。

オ：適切である。ライン組織は命令の一元化の原則により、上下関係の秩序が維持され組織的な行動が可能となる。

　以上より、オが正解である。

動機づけ理論

頻出度 —

➡ p.124

■ 令和4年度　第16問

動機づけ理論に関する記述として、最も適切なものはどれか。

ア　期待理論では、職務成果と報酬とのつながりが明確な場合に報酬の魅力度
　　が高まりやすいことを根拠として、人事評価制度の透明性が仕事に対する
　　従業員のモチベーションを高めると考える。

イ　公平理論では、従業員間で報酬に関する不公平感が生まれないように公正
　　に処遇することで、仕事の量と質を現状よりも高めるように従業員を動機
　　づけられると考える。

ウ　動機づけ・衛生理論（二要因理論）では、職場の物理的な作業条件を改善
　　することは、仕事に対する従業員の不満を解消するための方法として有効
　　ではないと考える。

エ　D.C.マクレランドの欲求理論では、達成欲求の高い従業員は、成功確率
　　が低く挑戦的な目標よりも、成功確率が中程度の目標の方により強く動機
　　づけられると考える。

オ　D.マグレガーが「X理論」と命名した一連の考え方では、人間は生来的に
　　仕事が嫌いで責任回避の欲求を持つため、やりがいが強く感じられる仕事
　　を与えて責任感を育てる必要があると考える。

解答	エ

■ 解説

　動機づけ理論に関する出題である。参考として、Ⅱ. 組織論の【論点16：期待理論】【論点14：動機づけ＝衛生要因（二要因理論）】【論点13：Ｘ理論・Ｙ理論】を参照してほしい。

ア：不適切である。期待理論では、人の動機づけは職務遂行の努力に対して得られる成果や報酬の見込みである「期待」と、得られる成果や報酬の魅力の度合いである「誘意性」の積で決まるとされている。「期待」や「誘意性」が高いと動機づけられる。

イ：不適切である。公平理論は、自分と他者の「仕事における投入量（input）」と「対価としての報酬（output）」を比較し、不公平を感じる場合にその不公平さを解消するような動機づけがされるという理論である。仕事の量と質を高めるように動機づけするためには、他者の投入量と報酬の比率に対し、自分の投入量と報酬の比率が高いと感じる状態にすることが必要となる。

ウ：不適切である。動機づけ・衛生理論（二要因理論）では、職場の物理的な作業条件の改善は衛生要因に分類され、仕事に対する従業員の不満解消に効果があるとされている。ただし、不満が解消されても職務への積極的態度にはつながらない。

エ：適切である。Ｄ．Ｃ．マクレランドの欲求理論では動機を、「達成要求」「親和欲求」「権力欲求」「回避欲求」の4つに分類している。そのうち「達成欲求」の高い従業員の動機づけについては、選択肢のとおりである。

オ：不適切である。「Ｘ理論」では、人間は生来的に仕事が嫌いで責任回避の欲求を持つため、明確に規定された仕事を与え、しっかりと監督する命令と統制の管理が必要となる。

　以上より、エが正解である。

ブランド

頻出度
A

➡ p.212, 214

■ 令和4年度　第28問

ブランドに関する記述として、最も適切なものはどれか。

ア　既存ブランドの下で分野や用途、特徴などが異なる新製品を発売することをブランド拡張と呼び、流通側から見た場合にはさまざまなメリットがある。しかしメーカー側から見ると、ブランド拡張には当該新製品が失敗した場合に既存ブランドを毀損するリスクがある一方で、メリットは特にない。

イ　自社ブランドの競合ブランドからの差異化を目指す相対的側面と、消費者から見て自社ブランドに他にはないユニークな価値を持たせる絶対的側面とは、どちらもブランドのポジショニング戦略に含まれる。

ウ　製品カテゴリーなどを提示し、当該カテゴリー内で思いつくすべてのブランドを白紙に書き出してもらう調査により、ブランドの純粋想起について調べることができる。これに対して、ブランド名を列挙し、その中で知っているものをすべて選択し回答してもらう調査は精度が低いため、得られる結果の信頼性も低い。

エ　ブランドとは、消費者の記憶に明確に保持されている最終製品の名称を指す。製品の中に使用されている部品や素材などにも名称が付けられていることがあるが、これらはブランドではない。

オ　ブランドは、ナショナル・ブランド（NB）とプライベート・ブランド（PB）に分けることができる。PBは大手小売業などの流通業者が開発し製造・販売するもので大手メーカーは関わらないため、PBの売り上げが増えるほどNBを展開する大手メーカーの売り上げは減少する。

解答	イ

■ **解説**

　ブランドに関する出題である。参考として、Ⅲ.マーケティング論の【論点13：ブランドの定義】および【論点14：ブランド戦略とパッケージング計画】を参照してほしい。

ア：不適切である。メーカー側から見て、ブランド拡張にメリットがないという点が誤りである。すでに市場に認知されたブランドを利用して新しいカテゴリーの製品を投入する場合、既存ブランドのイメージや知名度を活用することができ、早期に市場に認知されるメリットがある。また、新しいカテゴリーの製品が市場で好評を得た場合、既存ブランドの価値も向上する。

イ：適切である。ブランドのポジショニング戦略には、競合ブランドとの差異化を目指す相対的側面と消費者にとっての価値である絶対的側面が含まれる。

ウ：不適切である。製品カテゴリーなどを提示し、当該カテゴリー内で思いつくすべてのブランドを白紙に書き出してもらう調査により調べられるのが、ブランドの純粋想起（ブランド再生）。ブランド名を列挙し、その中で知っているものをすべて選択し回答してもらう調査により調べられるのが、ブランドの助成想起（ブランド再認）。純粋想起で想起されるブランドのほうが助成想起で想起されるブランドより強いブランドといえるが、助成想起による調査の信頼性が低いということではない。最寄品のように日常的に購入されるものなどは、助成想起で想起されることが大切である。

エ：不適切である。製品の中に使用されている部品や素材などの名称もブランドに含まれ、両方のブランドを明記するコ・ブランディングという手法がある。コ・ブランディングの例として、スナック菓子に「○○の塩を使用」などと、調味料ブランドも併記されているものなどがある。

オ：不適切である。一般的にPBは流通業者が企画・販売を担い、メーカーが開発・製造を担うケースが多い。また、流通業者にとってはNBよりもPBのほうが利益率が高いことも多いため、NBよりも自社PBの販促に注力する流通業者も多い。PBの売上が上がれば、流通業者からPBの製造を受託したメーカーの売上は高まる。

　以上より、イが正解である。

リレーションシップ・マーケティング

➡ p.252

■ 令和4年度　第31問

　リレーションシップ・マーケティングに関する記述として、最も適切なものはどれか。

ア　パレートの法則とは、売上げの80％が上位20％の顧客によってもたらされるとする経験則であり、上位20％の顧客を重視することの根拠となるが、この法則が当てはまらない業界もある。

イ　リレーションシップ・マーケティングにおいて優良顧客を識別するために用いられる方法の1つにRFM分析があり、それぞれの顧客が定価で購買している程度(Regularity)、購買頻度(Frequency)、支払っている金額の程度(Monetary)が分析される。

ウ　リレーションシップには、さまざまな段階がある。ある消費者がブランドを利用した結果としての経験を他者に広めているかどうかは、実際には悪評を広めるリスクもあるため、リレーションシップの段階を判断する手がかりとしては用いられない。

エ　リレーションシップの概念は、B to C マーケティングにおいて企業が顧客と長期継続的な関係の構築を重要視するようになったために提唱され始めた。これに対してB to B マーケティングにおいては、企業間の取引は業界構造や慣行に大きく影響されるため、リレーションシップの概念は当てはまらない。

解答	ア

■ 解説

リレーションシップに関する出題である。参考として、Ⅲ.マーケティング論の【論点31：関係性マーケティングとCRM】を参照してほしい。

ア：適切である。選択肢の記述にあるとおり、パレートの法則はあくまでも経験則であり、すべての業界がこの法則に当てはまるわけではない。

イ：不適切である。RFM分析のRは、「最新購買日（Recency）」である。最新購買日は現時点に近いほうが再購入される可能性が高いため、Rのポイントは高くなる。

ウ：不適切である。リレーションシップの各段階を経て、顧客との関係性が非常に高い段階では、好意的な口コミの拡散や新たな顧客の紹介をしてくれるようになる。顧客が他者に自社のブランド体験を広めているかは、リレーションシップの段階を判断する手がかりとして用いることができる。

エ：不適切である。企業間取引の特徴として、取引金額が高額であることと取引の継続性が挙げられる。企業間取引は業界構造や慣行の影響を受けるものの、長期的に信頼できる関係性を築くことが重要となる。そのため、企業間の取引を拡大させるためのB to Bマーケティングでも、リレーションシップの概念は当てはまる。

以上より、アが正解である。

I

経営戦略論

論点1　経営計画

企業が経営目標を設定し、それを実現するための方策や具体的な行動予定を策定することを経営計画と呼ぶ。

■ 経営計画の種類

経営計画は、期間・対象・内容レベルによってそれぞれ分類される。

① 期間による分類

名　称	期　間	内　容
長期計画	5〜10年	環境の変化を見越した長期的展望から、企業の方向づけなどを立てる。
中期計画	3〜5年	長期計画を具体化し、短期計画への橋渡しをする。
短期計画	1年以内	売上目標、生産計画など現場レベルの目標達成のために策定する。

② 対象による分類

名　称	対　象	内　容
総合計画	企業全体	企業全体に関わる計画である。経営戦略の視点に立ち、長期計画が多い。
部門計画	事業単位 職能単位	製品別・地域別、または生産・営業などの職能別に策定する計画である。
個別計画	独立した プロジェクト	設備投資計画、IT化推進計画など、特定かつ独立したプロジェクト遂行の計画である。

③ 内容レベルによる分類

名　称	内　容
戦略的計画	企業を取り巻く環境適応を目的とした計画である。新製品開発計画、多角化計画、M&A計画などがある。
戦術的計画 （業務遂行計画）	日常業務遂行のための計画である。予算計画、顧客訪問計画などがある。

❷ 経営計画の修正

① ローリングプラン

　ローリングプランとは中・長期計画に対し、環境変化などを踏まえ定期的に見直し修正していく手法である。比較的緩やかな環境変化への対応が目的だが、当初計画の戦略性を見失う可能性がある。

② コンティンジェンシープラン

　コンティンジェンシープランとは、急激な原材料費の高騰や大口取引先の倒産など、企業の業績への影響が大きい不測事態に対応するために、あらかじめ準備しておく代替の計画である。不測事象対応計画、状況対応計画とも呼ばれる。急激な環境変化への迅速かつ柔軟な対応が目的だが、計画策定に関するコストが増大するデメリットがある。

【 ローリングプラン 】　　【 コンティンジェンシープラン 】

【追加】【ポイント】

経営計画は選択肢の一部に入っていることが多いので、概要だけは押さえておこう。特にコンティンジェンシープランは要注意。

過去5年間での出題はない。

論点2 意思決定

2次

> **ポイント**
>
> 企業が経営目標を達成するためには、複数の代替案から最適な解を求める意思決定が必要である。

1 意思決定の分類

意思決定は、定型的意思決定と非定型的意思決定の2つに分類される。

	定型的意思決定	非定型的意思決定
対　象	ロワーマネジメント	トップマネジメント
サイクル	日常反復的に発生	例外的に発生
処置方法	あらかじめ定められた手続きにより定型的に処理	既存の手続きに頼らず、個別に問題解決
基　準	完全な合理性に基づいた意思決定（最適化原理）	限られた合理性に基づいた意思決定（満足化原理）
人間観	経済人モデル	経営人モデル

2 意思決定プロセス

意思決定のプロセスは情報、設計、選択、検討の4つの活動から構成される。

手　順	内　容
情報活動	意思決定をするためのデータや情報を集める。
設計活動	問題解決のための複数の代替案を作る。
選択活動	代替案の中から特定の代替案を選択する。
検討活動	選択された代替案で問題解決可能か再確認する。

また、情報収集段階では事実前提と価値前提の2つの情報が与えられる。

① 事実前提

技術動向、顧客情報、統計データなど客観的に検証可能な情報である。

② 価値前提

個人の価値観、信念、組織の目的などの情報である。これらは人それぞれによって変わるため検証が不可能である。

❸ 意思決定の階層構造 (アンゾフの意思決定)

アンゾフは意思決定を戦略的、管理的、業務的の３つに分類した。

戦略的意思決定	
具体的内容	経営計画、経営理念決定、M&A戦略など
担　当	トップマネジメント
具体的職制	社長、専務、取締役、取締役会など
管理的意思決定	
具体的内容	仕入先の決定、営業戦略、設備投資計画など
担　当	ミドルマネジメント
具体的職制	部長、課長など
業務的意思決定	
具体的内容	在庫管理、顧客訪問管理、部下育成など
担　当	ロワーマネジメント
具体的職制	係長、主任、現場リーダーなど

① 戦略的意思決定

トップマネジメントが担当する、企業が外部環境に適応するための意思決定。

② 管理的意思決定

ミドルマネジメントが担当する、ヒト・モノ・カネなどの経営資源の調達と開発のための意思決定。

③ 業務的意思決定

現場責任者などロワーマネジメントが担当する、効率的な日常業務を遂行し、収益を最大にするための意思決定。

追加 ポイント

令和２年度には、令和元年度に引き続き、アンゾフの意思決定について出題された。また、２次試験においても重要論点のため、最低限概要は理解しておこう。

過去問　令和２年度　第２問　アンゾフの意思決定
令和元年度　第３問　アンゾフの意思決定

2次 論点3 経営戦略

経営戦略は階層あるいは戦略内容により分類される。また、アンゾフとチャンドラーなどが戦略と組織の関係を示している。

1 経営戦略

経営戦略とは、企業を取り巻く環境に適応し、企業の進むべき方向性を明確にし、どう行動していくかを示す構想である。経営目標と経営計画の中間に位置し、経営目標実現に向け経営計画の策定と実施を有効にさせる機能を持つ。

2 経営戦略の種類

経営戦略は、階層、戦略内容によってそれぞれ分類される。

① 階層による分類

全体戦略	外部環境に適応するために、全社的視点で方向を定める戦略である。トップマネジメントが策定する。
個別戦略	事業部制を採用している場合に必要となる事業戦略と、営業戦略や生産戦略などの機能別戦略がある。主にミドルマネジメントとロワーマネジメントが担当する。

② 戦略内容による分類

成長戦略	企業としてどのように成長し、それをどう実現していくのかを構想する戦略であり、アンゾフの成長ベクトルが代表例である。
競争戦略	市場における競合会社と、どのように闘っていくかを構想する戦略であり、ポーターの競争優位の戦略が代表例である。
撤退戦略	環境変化に対応するために、不採算部門からどう有利に撤退するかを構想する戦略であり、勇気ある撤退も戦略の1つである。

3 戦略と組織の関係

戦略と組織は密接な関連を持っている。

① チャンドラーの命題

チャンドラーは、1960年代のアメリカが、トップダウン型の事業部制組織の採用が多いことから、企業が選択する戦略に合わせて組織形態を整備する「組織は戦略に従う」という命題を提唱した。

② アンゾフの命題

アンゾフは、どんなに優れた戦略でも、それを裏づける経営資源や組織力がなければ実行できないため、組織能力に合わせて戦略を策定する「戦略は組織に従う」という命題を提唱した。

③ ミラー＆フーリセンの相互浸透モデル

ミラー＆フーリセンは、組織と戦略はどちらが先というものでなく、お互いに影響しあうという相互浸透モデルを提唱した。

【 戦略と組織の関係 】

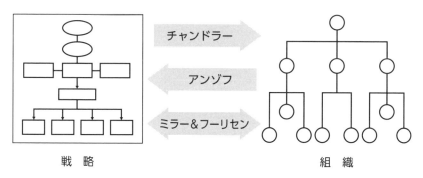

追加 **ポイント**

アンゾフとチャンドラーの命題を混同しやすい、ASK（A→アンゾフ、S→戦略、K→組「くみ」）と語呂合わせで覚えよう。逆がチャンドラーになる。

過去問 過去5年間での出題はない。

2次 **論点4** 経営戦略の策定プロセス

■ ポイント

> 経営戦略は、企業がその存在目的と方向性を明確にし、外部環境との適応を図りながら、どのように行動するかを策定する。

1 経営戦略の全体像

経営戦略は以下のようなプロセスを経て策定する。

① 経営理念

経営理念とは、経営者や企業が表明する存在意義や使命を表す企業の行動指針であり、企業の内外に対して長期的視点で表明する。また企業の将来のあるべき姿を示したものをビジョンという。

② 経営目標

経営目標とは経営理念やビジョンを具体的に示した達成目標である。売上高や利益追求などの定量的なものと、社会貢献や科学の発展などの定性的なものの両方が含まれる。

③ 環境分析

(a) 外部環境分析

市場や競合などの企業を取り巻く環境の、機会と脅威を分析する。

(b) 内部環境分析

ヒト、モノ、カネ、情報などの経営資源の、強みと弱みを分析する。

④ ドメインの決定

企業が経営理念や経営目標を達成し、現在から将来にわたって存在していく事業領域(ドメイン)を決定する。

⑤ 戦略の策定

ドメインをより具体化するための全体戦略、個々の事業環境における競争上の戦略である事業戦略、上位の戦略を実現するための人事戦略やマーケティング戦略などの機能別戦略を策定する。

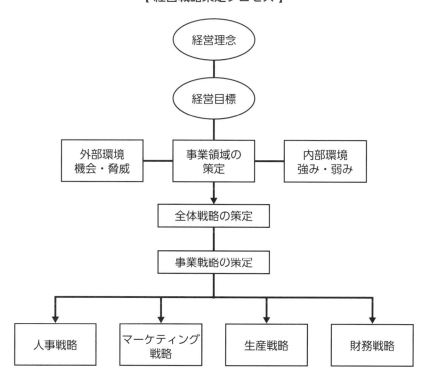

【 経営戦略策定プロセス 】

経営理念

経営目標

外部環境
機会・脅威

事業領域の
策定

内部環境
強み・弱み

全体戦略の策定

事業戦略の策定

人事戦略

マーケティング
戦略

生産戦略

財務戦略

追加 ポイント

選択肢の文章に、適度にちりばめられて出題されやすい。2次試験対策では重要な論点なのでしっかり理解しよう。

過去問

過去5年間での出題はない。

論点5　ドメイン

企業が経営理念や経営目標を達成し、現在から将来にわたって存在していく事業領域を決定するためにドメインを定義する。

❶ ドメインの意義

ドメインには次の4つの意義がある。

① 企業全体の一体感を高める。

② 企業の意思決定の基準になる。

③ どのような経営資源が必要か明確になる。

④ 社外に向けて、企業の方向性を発信できる。

❷ ドメインの3要素

ドメインは次の3つの要素に分けられる。

① 市場軸 (顧客軸)

企業がターゲットとする標的顧客を定義する。

② 顧客機能軸

標的顧客が求める顧客ニーズを定義する。

③ 独自能力軸 (技術軸)

顧客ニーズを満足する、企業の強みになる独自資源を定義する。

【 事業領域の決定 】

❸ ドメインの定義と影響

ドメインは物理的あるいは機能的に定義される。

① 物理的定義

物理的定義とは、「モノ」に視点をあててドメインを定義することである。

【 ドメインの物理的定義 】

具体例	・映画会社が「映画製作」と定義する。 ・石鹸メーカーが「石鹸の製造販売」と定義する。
メリット	事業の方向性が明確になる。
デメリット	事業展開の幅が狭くなり顧客ニーズに対応しにくくなる。

② 機能的定義

機能的定義とは、「顧客ニーズ」に視点をあててドメインを定義することである。

【 ドメインの機能的定義 】

具体例	・映画会社が「エンターテイメント」と定義する。 ・石鹸メーカーが「清潔の提供」と定義する。
メリット	事業の将来性が広がる。
デメリット	ドメインが広くなりすぎ、経営資源が分散する恐れがある。 抽象的になり標的顧客や製品・事業が不明確になる。 競合との競争に巻き込まれる可能性がある。

４ 企業ドメインと事業ドメイン

事業部制組織を持つ大企業などでは、企業ドメインと事業ドメインを別々に定義することもある。

【 企業ドメインと事業ドメイン 】

企業ドメイン	企業全体としての方向性を示すドメイン。個別の事業ドメインを包括し企業のアイデンティティを確立する。
事業ドメイン	個別の事業の展開領域を示すドメイン。企業ドメインが変更された場合は事業ドメインも見直す。

追加 ポイント

令和5年度は、数年ぶりに本論点が直接出題された。過去の出題では、企業ドメインと事業ドメインの違いについて問われる出題が多いため、しっかり理解しておこう。2次試験でも重要な概念であるため、押さえておきたい。

過去問
令和5年度 第1問 ドメイン
令和元年度 第1問 多角化企業のドメイン

B 2次 論点6 環境分析

ポイント

企業が経営戦略を策定するために必要な、企業の経営資源にあたる内部環境、企業を取り巻く外部環境、それらを分析し戦略策定を行う代表的な手法にSWOT分析がある。

1 外部環境

外部環境は企業がコントロールできる度合いによってマクロ環境とミクロ環境の2つに分類される。

① マクロ環境

マクロ環境とは、企業がコントロール不可能な外部環境で、社会情勢の変化など、企業に間接的に影響を与える環境要素である。

【 主なマクロ環境 】

経済環境	経済成長率、景気動向、金利変動、円高など
社会・文化環境	食文化、国籍、価値観など
政治・法律環境	規制緩和、政府の政策、法改正など
技術的環境	IT技術、新素材、新しい生産技術など
人口動態環境	少子高齢化、家族構成、過疎化など
自然環境	自然災害、公害問題、天然資源など

② ミクロ環境

ミクロ環境とは、企業努力によってある程度コントロール可能な外部環境で、企業に直接的に影響を与える環境要素である。

【 主なミクロ環境 】

顧客・市場	顧客ニーズ、市場規模、成長性など
競合	競合企業の戦略、新規参入、シェアなど
供給業者	原材料の調達動向、商品仕入先動向など
流通業者	販売代理店動向、流通構造の変化など
業界動向	業界慣習、業界構造の変化など

2 内部環境（経営資源）

　内部環境とは、企業がコントロールできる企業内部の環境であり、経営資源とほぼ同じ意味である。

【 主な内部環境 】

人的資源	経営者の資質、技術者のスキル、従業員数など
物的資源	土地、建物、機械設備、製品、仕入先ルートなど
資金	設備資金、運転資金、金融先の信用度など
情報資源	ノウハウ、顧客情報、特許、社内風土など

3 コア・コンピタンス

　コア・コンピタンスとは、競合他社が真似できない顧客への価値を提供できる、企業の情報やノウハウなど経営資源（内部環境）を組み合わせる組織能力である。

　コア・コンピタンスには以下の3つの条件がある。

　① 多様な市場へのアクセスが可能であること。

　② 最終製品が消費者利益に貢献すること。

　③ 競争相手が模倣しにくいこと。

4 SWOT分析

　SWOT分析とは企業の内部環境の強みと弱み、外部環境の機会と脅威を4象限のマトリックスで明らかにし、企業環境の現状を把握する手法である。

【 SWOT分析のマトリックス 】

	内部環境	外部環境
好影響	強み (Strengths)	機会 (Opportunities)
悪影響	弱み (Weaknesses)	脅威 (Threats)

⑤ SWOT分析の活用

SWOT分析をどのように活用するかについて以下に示す。

① 機会×強み

外部環境からの機会に自社の強みを活用して、積極的攻勢に出る。

【 機会×強み→活用し積極的攻勢 】

② 機会×弱み

機会を逃さないように、弱みの克服を図る。

【 機会×弱み→弱みの克服 】

③ 脅威×強み

脅威と差別化を行い回避するか、強みを活かすように脅威を機会に転換する。

【 脅威×強み→（パターン1）脅威と差別化 】

【 脅威 × 強み → (パターン 2) 脅威を機会に転換 】

④ 脅威 × 弱み

撤退や業種転換などを検討する。

【 脅威 × 弱み → 撤退 】

追加 ポイント

- 令和4年度は、環境分析を論点として【論点6】環境分析、【論点19】VRIO分析、【論点15】競争要因、【論点20】価値連鎖が選択肢と出題された。あわせて覚えておこう。
- 令和3年度にはコア・コンピタンスに関する出題がなされた。コア・コンピタンスやSWOT分析は2次試験でも重要性が高いため、マスターすること。
- 外部マクロ環境分析として、Politics(政治)／Economics(経済)／Society(社会)／Technology(技術)の4つの視点から動向を分析するPEST分析がある。

過去問

令和4年度 第3問 環境分析
令和3年度 第4問 コア製品
令和元年度 第4問 コア・コンピタンス

論点7　分析型とプロセス型アプローチ

ポイント

> 経営戦略の計画から実行に移していく手法には、分析型アプローチとプロセス型アプローチがある。

1 分析型アプローチ

　分析型アプローチとは、経営戦略を「計画段階」と「実行段階」の2つのフェーズに分けて考える手法である。「計画段階」で要因を分析し、それを踏まえて計画を策定し、「実行段階」で、その計画を実行する手順で行動する。アンゾフの成長ベクトルやポーターの競争優位の戦略は、この分析型アプローチになる。

　かつては、この分析型アプローチが主流だったが、社会環境の変化が激しく不確実性が高くなった現代では、「計画段階」から「実行段階」に移行する間に社会の状況が変わってしまうことが生じてきた。さらに後述する分析麻痺症候群と呼ばれる現象も現れ、分析型アプローチに限界が見え始めた。

【 分析型アプローチ 】

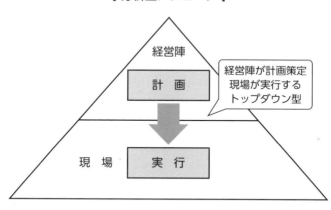

2 分析麻痺症候群

　分析麻痺症候群とは「計画段階」を経営陣が策定し、「実行段階」を現場が実施する体制の場合、計画が現場の実態と乖離し、経営陣と現場間に不信感が生まれ計画が実行されない状況のことである。また計画の合理性を追求し、低リスクながらも創造性を欠く計画に終始することを指す場合もある。

❸ プロセス型アプローチ

プロセス型アプローチとは、戦略的意思決定を経営陣や経営企画室だけが行うのではなく、現場も巻き込み組織全体で決定し、現場からの情報を随時吸い上げ、実行しながら戦略を進化させていく手法である。分析型アプローチの「計画段階」と「実行段階」が一心同体のものと捉え、環境や状況の変化に柔軟に対応する。

【 プロセス型アプローチ 】

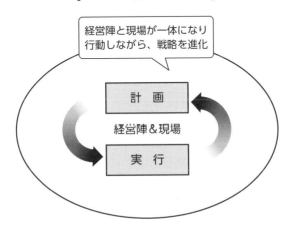

追加 ポイント

「トップダウンによる指示だけで進めてもうまくいかないこと」をテーマとした出題がなされる。「コミュニケーション」と「従業員の参画」がキーワードだ。

過去問　過去5年間での出題はない。

論点8 製品＝市場マトリックス

> 企業がゴーイング・コンサーン（永続企業）として成長し生き残っていくためには、製品＝市場マトリックス（アンゾフの成長ベクトル）が必要である。

1 製品＝市場マトリックス

　製品＝市場マトリックスとは、製品と市場それぞれを既存と新規に分類し、それに合う戦略を示したものである。

市場		製　品	
		既　存	新　規
既　存		市場浸透戦略	新製品開発戦略
新　規		新市場開拓戦略	多角化戦略

① 市場浸透戦略

　市場浸透戦略とは、既存市場に既存製品の販売を拡大する戦略である。広告宣伝や値引きなど活用し既存製品のシェア拡大を図る。

② 新市場開拓戦略

　新市場開拓戦略とは、新しい市場に、既存製品を投入する戦略である。既存製品を新しい地域（国内→海外など）、新しい顧客層（男性向け→女性向けなど）に展開させ売上の拡大を図る。

③ 新製品開発戦略

　新製品開発戦略とは、既存市場に、新製品を投入する戦略である。既存製品のモデルチェンジや新機種追加などを通じて売上の拡大を図る。

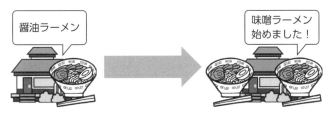

④ 多角化戦略

　多角化戦略とは、市場、製品とも新しい分野に進出する戦略である。リスクは高いが成功時のリターンも大きい。詳しくは次項で解説する。

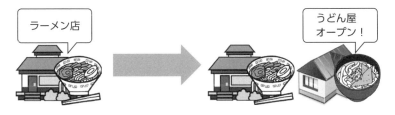

【追加】ポイント

1次試験では平成29年度以来出題されていないが、令和2年度の2次試験で問われた論点のため、各戦略がどのような内容であるか理解しておこう。

過去問　過去5年間での出題はない。

論点9　多角化

ポイント

既存事業と異なる領域に進出するには、多角化戦略が必要である。

1 多角化の必要性

多角化は成長戦略の1つであり、外部環境の機会の活用、または脅威からの回避を目的に実施される。

【 多角化の特徴 】

余剰資源（スラック）の活用	現在利用していない人材、設備、資本などの余剰な経営資源（スラック）の有効活用を図る。
事業リスクの分散	複数の事業を営むことで、特定の事業の業績が悪化しても他の事業でカバーすることができる。
成長機会の追求	新規事業への展開を図り、現在の主力製品が製品ライフサイクル上の衰退期になったときに備える。
シナジーの追求	複数の事業を営むことで、経営資源の共有・補完を行いシナジーを得ることができる。

2 多角化戦略の分類

① 水平的多角化

水平的多角化とは、既存事業と同じタイプの市場に進出する多角化である。顧客が同じタイプのため効果は小さいが、リスクも低い。

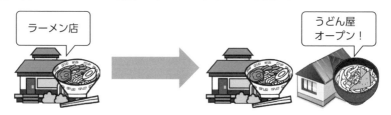

ラーメン店

うどん屋
オープン！

② 垂直的多角化

　垂直的多角化とは、既存事業とは異なる流通段階に進出する多角化である。安定的な需要を得られるが、既存製品が不振になると全事業が悪化する。

③ 集中的多角化

　集中的多角化とは、既存事業のマーケティングや技術に関連がある新製品を、新たな市場に投入する多角化である。シナジーを活かすことで効果が大きくなる。

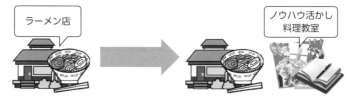

④ 集成的多角化（コングロマリット的多角化）

　集成的多角化とは、既存の市場・製品と全く関係のない分野に進出する多角化である。企業全体のリスクは分散されるが、単一事業としてのリスクは大きい。

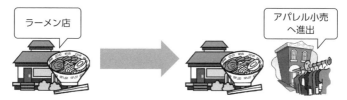

追加 ポイント

多角化に関連した出題は多い。シナジー【論点10】やM&A【論点11】を交えた出題もあるので、併せて学習しよう。また2次試験においても重要な論点となるのでしっかりと理解しておこう。

過去問
令和4年度　第1問　多角化
令和3年度　第1問　多角化
令和2年度　第5問　多角化とM&A
令和元年度　第1問　多角化企業のドメイン

2次 論点10 シナジー

ポイント

事業の多角化戦略を行う際は、シナジー（相乗効果）を考慮すべきである。

1 シナジーとは

シナジーとは1＋1が2ではなく、1＋1が3や4になるように、複数の経営資源を組み合わせ、総和以上の成果を得ることである。

2 シナジーの種類

① 販売シナジー

販売シナジーとは、既存の販売経路、販売組織、販売ノウハウ、ブランド力を利用することによって得られるシナジーである。

② 生産シナジー

生産シナジーとは、既存の生産設備、生産技術ノウハウの利用によって得られるシナジーである。

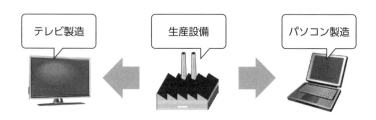

③ 投資シナジー

投資シナジーとは、既存の工場、倉庫の利用、研究開発成果の利用によって得られるシナジーである。

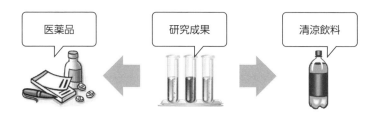

④ 経営管理シナジー

経営管理シナジーとは、これまでに蓄積された経営戦略、業務管理ノウハウを利用することで得られるシナジーである。

❸ 範囲の経済

範囲の経済とは、一企業が複数の事業を行うことで、それぞれの事業を独立して行うよりもコストを抑え、より経済的に事業を行えることである。詳しくは【論点18】の経済性を参照のこと。

追加 ポイント

出題頻度は高くはないが、多角化や海外進出などと関連させた出題がされることもあり、過去にはシナジー効果そのものがズバリ問われたこともある。2次試験での重要論点であるため、内容は押さえておきたい。

過去問

過去5年間での出題はない。

A 論点11 M&A

ポイント

企業はスピーディに競争力を強化し、事業の再構築を行うためにM&A（Mergers & Acquisitions、企業の合併と買収）を行う。

1 M&Aの種類

M&Aは友好的と敵対的の2つの種類がある。

① 友好的M&A

友好的M&Aは、買収する企業経営陣の同意を得たM&Aである。中小企業では、友好的M&Aで事業継続、雇用維持が図れるといったメリットがある。

② 敵対的M&A

敵対的M&Aは、買収する企業経営陣の同意を得ず一方的に行うM&Aである。TOB（株式公開買付け）にて実行することが多い。

2 M&Aのメリットとデメリット

① メリット

- 短期間で事業の展開を図ることができる。
- 効率よく弱みを補完し、規模の拡大を図ることができる。

② デメリット

- 社風や組織文化の融合がスムーズにいかないことが多い。
- 事前調査が不十分になると、簿外債務などを引き継ぐ可能性がある。
- 内部努力軽視になり、自社のノウハウが劣化する恐れがある。

3 M&Aの手法

M&Aの代表的な手法および形態を次に示す。

【 M&Aの手法 】

TOB (Take Over Bid)	会社の経営権取得を目的に、その会社の株式の価格、期間、株数を公開し一般株主から買い取る手法である。
MBO (Management Buy Out)	現在の事業継続を前提に、現経営陣が株式や自社部門を買い取って経営権を取得する手法である。
LBO (Leveraged Buy Out)	買収先企業の資産を担保に資金を調達し、少ない自己資金で企業を買収する手法である。

MBI (Management Buy In)	MBOの一類型で、買収対象企業の外部マネジメントチーム（同一業界の経験か企業再建の経験を有するもの）が買収を行う手法である。

【 M&Aの形態 】

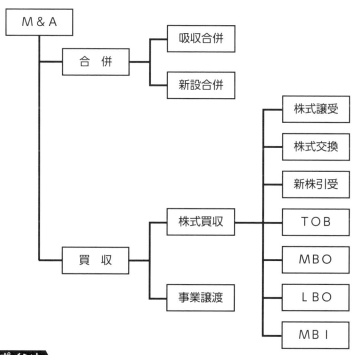

追加 ポイント

令和5年度は、M&Aに関して幅広い内容が問われた。令和4年度には、買収手法、買収防衛策、買収時の価格プレミアムについて出題された。令和3年度には、M&Aの手法や企業価値算定、財務的な知識等、M&Aの総合的な理解度が問われており、多岐にわたる出題がなされている。しっかりと理解を深め、応用的な出題にも対応できるようにしておこう。

過去問

令和5年度 第7問 M&A／戦略的提携
令和4年度 第5問 M&A
令和3年度 第3問 M&A
令和2年度 第5問 多角化とM&A

論点12　アライアンスと事業再構築

アライアンス（戦略的提携）、アウトソーシング、リストラクチャリング（事業構造の再構築）によって、外部環境の不確実性に迅速かつ柔軟に対応できる。

◢ アライアンス（戦略的提携）

　アライアンスとは、企業単独では対応しきれない企業環境の変化に対して、複数の企業が独立性を維持しつつ提携関係を構築することである。企業間の関係を深め信頼を醸成しつつも、互いの経済評価を行うことがポイントである。

【 アライアンスの形態 】

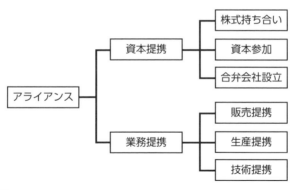

① 資本提携

　資本提携とは、資本レベルにより、協力体制を構築する提携である。業務提携よりも強い結び付きになる。

株式持ち合い	友好関係にある会社同士が互いに株式を保有すること。関係強化、資本の安定、敵対的買収防止に効果がある。
資本参加	経営権を有しない低い出資比率で資本関係を築く。企業との関係強化に効果がある。
ジョイントベンチャー（合弁会社設立）	特定事業のために会社同士が資本を出し合い新たな会社を設立すること。お互いの弱みを補い、新規事業のリスク分散に効果がある。

② 業務提携

業務提携とは、契約により、業務推進上の協力体制を構築する提携である。

販売提携	販売代理店契約、販売受託など、製品を迅速に市場投入するのに効果がある。
生産提携	OEM（相手先ブランドによる受託生産）、資材共同購入、下請関係など、製造コスト削減に効果がある。
技術提携（開発提携）	共同研究開発により開発期間短縮に効果がある。また技術ライセンスを供与することで、デファクト・スタンダードの獲得が可能になる。

② アウトソーシング

アウトソーシングとは、社内で行っていた業務を費用と効果から判断し、外部の企業に委託することである。メリットとして、以下が考えられる。

- 経営資源を自社の得意分野に集中できる。
- 外部の高度な技術やノウハウを活用できる。
- 不採算部門を整理し、コスト削減ができる。

また、以下のようなデメリットも考えられるので留意する。

- 社内にノウハウが蓄積されにくくなる。
- 情報漏洩や社内ノウハウの流出の可能性がある。
- 余剰人員の発生の原因となり、かえってコスト非効率となる可能性がある。

③ リストラクチャリング（事業構造の再構築）

リストラクチャリングとは、企業が収益構造の改善を図るために、買収等による事業規模拡大、または不採算部門の売却、縮小等による事業規模縮小を行うことである。

追加 ポイント

アライアンスの出題頻度は高く、令和元年度にも出題されている。関連する論点であるシナジー【論点10】やM&A【論点11】と合わせて理解しておこう。

過去問　令和5年度　第7問　M&A／戦略的提携
　　　　令和元年度　第5問　戦略的提携

B 2次 論点13 PPM

ポイント

PPM（プロダクト・ポートフォリオ・マトリックス）とは、ボストン・コンサルティング・グループ（BCG）により開発された戦略策定手法である。

❶ PPMとは

PPMとは、縦軸に市場成長率、横軸に相対的市場占有率をとったチャート図のことである。問題児、花形、金のなる木、負け犬の4つのカテゴリーに分類し、企業のSBU（戦略事業単位）がどこに位置するかを把握し理想的な資源配分を検討する。

【 PPM 】

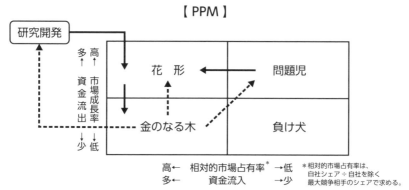

① 問題児

相対的市場占有率	低い	資金流出	多い
市場成長率	高い	資金流入	少ない

市場成長率が高い事業なので積極的な投資を行い、相対的市場占有率を高め花形へ移行し、収益化を目指す。ただし、すべての事業が花形に育つわけではないので、投資対象事業の選別が必要になる。

② 花形

相対的市場占有率	高い	資金流出	多い
市場成長率	高い	資金流入	多い

相対的市場占有率が高くなり収益性は良くなるが、競争も激しくなり資金流

出も多い。市場成長率が低くなると金のなる木に移行するので、それまでは積極投資を行う。

③ 金のなる木

相対的市場占有率	高い	資金流出	少ない
市場成長率	低い	資金流入	多い

　市場成長率が低いため投資の必要が少なくなり、収益性が上がる。ここで獲得できる資金を問題児や花形、研究開発へ投資する。

④ 負け犬

相対的市場占有率	低い	資金流出	少ない
市場成長率	低い	資金流入	少ない

　市場が衰退し収益性が下がる。再投資の効果も薄く、撤退か他の事業への有効利用を検討する。

　ただし、資金流出が少なく高収益事業となる場合もあるため、無条件に撤退すべきというわけではない。

2 PPMの限界

　PPMには以下のような限界がある。

- 各SBU間のシナジー効果が見落とされる。
- 金のなる木への投資が行われず、衰退が早まる恐れがある。
- 負け犬と評価されたSBUの社員のモラール低下の恐れがある。
- すでに展開された事業の分析のため新規事業進出への手がかりにはなりにくい。
- 資金創出の視点のみで、事業を評価している。

追加 ポイント

ここ数年で3度出題されている。平成26年度2次試験事例Ⅱにおいても出題されており、重要な論点である。近い内容の出題もあるので必ず理解しよう。

過去問
令和4年度　第2問　PPM
令和3年度　第2問　PPM
令和元年度　第2問　PPM

B 論点14 製品ライフサイクルと経験曲線効果

ポイント

製品ライフサイクル (PLC) と経験曲線効果はPPMの前提となる。

1 製品ライフサイクル

製品ライフサイクルとは、製品が市場に導入され成長し、最後は衰退し消えていくという生命周期の概念である。

【 製品ライフサイクル 】

	導入期	成長期	成熟期	衰退期
製品ライフ サイクル		売上 利益		

2 製品ライフサイクルの段階

製品ライフサイクルの各段階はそれぞれ異なる特徴を持つ。

① 導入期

状　況	新製品が市場に投入された時期。
売　上	導入当初のため小さい。
コスト	市場への広告宣伝や営業活動のため大きい。
市　場	小さいが成長率は高い。

② 成長期

状　況	市場に製品が認知され浸透していく時期。
売　上	製品の良さが認知され、時間とともに急激に伸びる。
コスト	競争に勝つための、広告宣伝や営業活動が必要になり大きい。
市　場	競合他社が市場に参入し、規模が急成長する。

③ 成熟期

状　況	市場や技術が安定し、需要が一巡する時期。
売　上	伸びは止まり、高い状態のまま推移する。
コスト	競争が緩くなり、維持程度になるため小さくなる。
市　場	競争に敗れた企業が撤退し、大きい状態で推移する。

④ 衰退期

状　況	製品の魅力が薄れ、需要が減少する時期。
売　上	製品価格、販売数とも低下し、徐々に小さくなる。
コスト	コスト削減のため、小さくなる。
市　場	さらに企業が撤退し、規模が縮小していく。

３ 経験曲線効果

　経験曲線効果とは、製品の累積生産量が2倍になると、単位当たりのコストが20～30%低減するという経験則である。その効果が生じる理由には以下がある。

① 習熟による作業者の能率向上

② 作業方法の改善と標準化

③ 生産工程や生産設備の改善

【 経験曲線効果 】

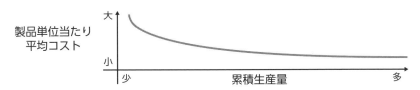

追加 ポイント

隔年で出題されている論点である。令和3年度および令和元年度に経験曲線効果について出題されている。また、製品ライフサイクルはマーケティング論でも出題されており、押さえておきたいポイントである。

過去問	令和5年度 第4問 経験曲線効果／価格戦略
	令和3年度 第7問 競争戦略
	令和元年度 第7問 経験効果と規模の経済

論点15 競争要因（5フォースモデル）

> **ポイント**
>
> ポーターの5フォースモデルでは、企業を取り巻くさまざまな脅威を5つの競争要因に分類している。

１ 競争要因とは

ポーターは、企業の収益性を決める要因が、5つの競争要因によって形成されるとした。

２ 5つの競争要因

① 既存業者間の敵対関係

すでに業界内に参入している企業間の競争である。一般的な競合他社を指す。同業者数が多い、市場の成長率が低い、製品の差別化が難しい、撤退障壁が大きいと脅威が大きくなる。

② 新規参入の脅威

今は競合ではないが、これから業界に参入しようする企業の存在である。参入障壁が低いと脅威が大きくなる。

③ 代替品の脅威

同じ機能やベネフィットを持つ製品の存在である。代替品が高機能、低価格で提供されると脅威が大きくなる。

④ 売り手の交渉力

原材料や部品を提供する供給業者からの値上げなどの圧力である。その原材料や部品の供給が減少したり、特定の供給業者以外からの調達が困難だったりすると脅威が大きくなる。

⑤ 買い手の交渉力

製品を販売する顧客からの値下げや短納期化などの圧力である。顧客の購買力や自社の売上依存度が大きいと脅威が大きくなる。

【5つの競争要因（5フォースモデル）】

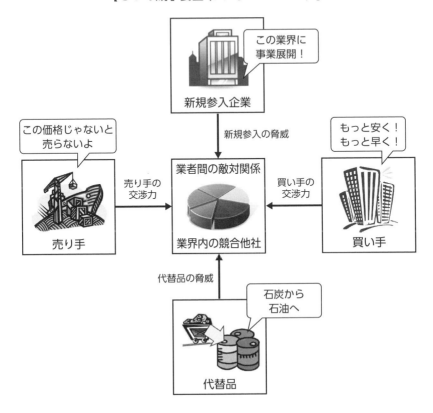

追加 ポイント

毎年出題されている頻出論点である。売り手／買い手の交渉力に関する出題が比較的多く、令和2年度にも出題されている。加えて、新規参入の脅威や代替品の脅威についてもよく出題されるため、それぞれについてしっかりと理解しておくこと。2次試験においても、基礎となる考え方である。

過去問

令和5年度　第3問　5フォース
令和4年度　第3問　環境分析
令和3年度　第6問　新規業界への参入
令和2年度　第3問　売り手と買い手の交渉力
令和元年度　第6問　既存企業間の競合

論点16 競争回避の戦略

ポイント

> 参入障壁、移動障壁、撤退障壁は、新規参入の脅威から回避する手段になる。

1 参入障壁

　参入障壁とは、企業が新規業界へ参入する際にある障壁（参入を妨げる要因）のことである。参入障壁が高いほど、既存企業は競争を避けることができる。

【 参入障壁 】

規模の経済性と 経験曲線効果	一定量の規模を生産しないとコストダウンが図れず、収益を確保できない。コストダウンのためには参入当初から大量生産の必要がある場合で、設備面、在庫面でリスクになることから、これが参入障壁になる。
製品差別化の困難性	既存企業に対する消費者のブランドロイヤルティが高いと、新規参入企業はそれを上回るための広告宣伝費や営業費が必要になり、これが参入障壁になる。
巨額な初期投資	参入の際に、設備投資など巨額な初期投資が必要な場合、参入障壁になる。
流通チャネル確保 の困難性	業界内で流通チャネルが統制されていると、新たなチャネル開拓にコストがかかり参入障壁になる。
製品技術の独占	製品技術が特許などで押さえられていると、規模の経済性などとは無関係に参入障壁になる。
政府の政策や法規制	参入に政府の許認可や資格取得が必要で、その取得難易度が高いと参入障壁になる。

2 撤退障壁

　企業が、採算性の問題などで業界から撤退したい場合の障壁（撤退を妨げる要因）のこと。撤退障壁が高いと、不採算でも企業が撤退しないため競争が激しくなる。新規参入時には撤退障壁の考慮も必要になる。

埋没コストの発生	他事業への転用や売却ができない設備投資など、撤退時に取り戻すことができないコストを埋没コストといい、巨額の埋没コストが発生すると撤退障壁になる。
他事業への影響	他事業とシナジー効果があり、撤退すると他事業にも影響が起きると撤退障壁になる。
製品への責任	販売済みの製品の部品供給やメンテナンスの責任があると撤退障壁になる。
社会への影響度	撤退することで、地域社会に失業者が増大するなど、社会的影響度が大きいと撤退障壁になる。
事業への思い入れ	創業者や従業員の事業への思い入れが強いと撤退障壁になる。

3 移動障壁

企業がある戦略グループから別の戦略グループへ移動する際にある障壁のこと。戦略グループとは同一業界内で、同一または類似した戦略を採る企業の集合体のことである。具体的内容は参入障壁とほぼ同じである。

追加 ポイント

出題頻度は高くないが、令和元年度に出題されている。それぞれの障壁の内容をしっかりと理解することで、応用的な出題にも対応できるようにしておきたい。

過去問　令和元年度　第6問　既存企業間の競合

論点17　競争優位の戦略

2次

ポイント

> ポーターは競争優位の戦略の3タイプ「コストリーダーシップ戦略」「差別化戦略」「集中戦略」を提唱した。

【 ポーターの競争優位の戦略 】

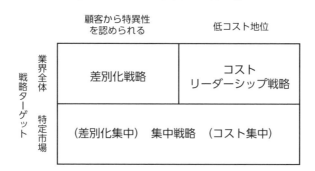

1 コストリーダーシップ戦略

　コストリーダーシップ戦略とは、市場全体を標的に、競合企業よりも低いコストで生産・販売を展開し、競争優位を獲得する戦略である。大量生産による規模の経済性や経験曲線効果を得ることで、より低コストを実現する。業界トップ向けの戦略である。

2 差別化戦略

　差別化戦略とは、市場全体を標的に、品質、デザイン、サービス、ブランドイメージなどで、競合企業にない独自性を打ち出し、価格以外の優位性を獲得する戦略である。

3 集中戦略

　集中戦略とは、市場を細分化し、特定のセグメントに焦点を絞り、経営資源を集中し優位性を得る戦略。コスト集中戦略と差別化集中戦略の2つがある。

4 各戦略のリスク

それぞれの戦略にはいくつかリスクもある。以下の表にまとめた。

【 各戦略のリスク 】

コストリーダーシップ戦略	① 競合企業が戦略を模倣し、激しい価格競争に陥る。 ② 技術革新により、過去の習熟が陳腐化し経験曲線効果が活かせなくなる。 ③ コスト低減が優先となり、市場ニーズへの柔軟な対応ができなくなる。 ④ 最新設備や大きな販売力を持った新規企業が参入し、コストリーダーシップが発揮できなくなる。
差別化戦略	① 競合企業の模倣により差別化ができなくなる。 ② 顧客の要求度が高くなりすぎ、差別化の魅力が落ちる。 ③ 低コストの競合企業との価格差が大きくなりすぎ、ブランドロイヤルティを維持できなくなる。
集中戦略	① 市場全体を標的にした競合企業に比べ価格が高すぎると、顧客がそのプレミアム価格を支払わなくなる。 ② 顧客の価値観の変化などにより、特定市場と市場全体のニーズが同質化する。 ③ 競合企業が一層市場を細分化した集中戦略を採る。 ④ 選択した市場が一定規模の大きさがないと事業として成立しない。

追加 ポイント

戦略総論的な出題もあるが、各戦略に絞った出題もあるため、どの設問があっても対応できるように理解しておこう。

過去問
令和3年度 第1問 競争戦略
令和2年度 第4問 企業の競争優位

2次 論点18 経済性

ポイント

「規模の経済性」「範囲の経済性」「速度の経済性」は、PPM、M&A、競争戦略において必要な概念である。

1 規模の経済性

規模の経済性とは、生産規模を拡大することで、製品1単位当たりの固定費削減、大量仕入れによる変動費削減によりコストが減少していくことである。スケールメリットともいわれる。

【 規模の経済性 】

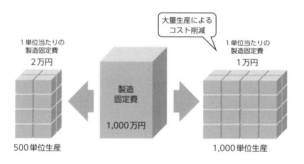

2 範囲の経済性

範囲の経済性とは、一企業が複数の事業を行うことで、それぞれの事業を独立して行うよりもコストを抑え、より経済的に事業を行えることである。同じ物を多く作り、1つ当たりのコストを抑えることを規模の経済と呼ぶのに対し、範囲の経済は、多様なものを作ることによって固定費を分散させることを意味する。

【 範囲の経済性 】

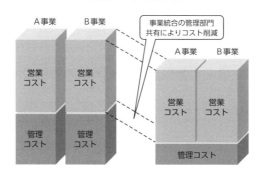

❸ 速度の経済性

　速度の経済性とは、スピードを上げることで得られる経済的メリットである。商品開発、商品回転率、情報収集、生産リードタイム、業務スピードを上げることで、競合会社より有利なポジションをとることができる。速度の経済性の企業間競争をタイムベース競争ともいう。

❹ 先発優位性と後発優位性

　速度の経済性を活かして、新しい市場に早期参入し優位性を得ることを先発優位性という。メリットとして、その製品カテゴリーの代名詞になることによる心理的な参入障壁の形成、価格競争に入る前に収益の確保、経験曲線効果の確立、デファクトスタンダードの形成が可能、などがある。

　逆に、後発企業が持つ優位性のことを後発優位性という。メリットとして、需要の確実性の見極め、先発企業が市場を形成していることによるプロモーション費用の軽減、先発企業の事例観察による開発費用の抑制、などがある。

追加 ポイント

規模の経済性と範囲の経済性を逆に問う出題がある。混同しないようにしっかり理解しよう。他の論点の出題における選択肢のキーワードになっていることもある。

過去問
令和5年度　第6問　先行者優位性
令和元年度　第7問　経験効果と規模の経済

B 2次 論点19 VRIO分析

ポイント

VRIO分析は企業の経営資源の強みを分析するフレームワークである。

❶ VRIO分析

　VRIO分析とは、企業の持つ経営資源をValue（価値）、Rarity（希少性）、Imitability（模倣可能性）、Organization（組織）の4つのポイントから分析し、企業の競争優位性を判断するフレームワークである。

❷ VRIO分析の4つの視点

① Value（価値）

　企業の経営資源が経営目標の達成に有効かを分析する。経営資源が市場の求める価値を生み出していなければ、その経営資源に経営目標を達成するだけの価値はないことになる。

② Rarity（希少性）

　企業の経営資源に競合企業にない希少性があるか分析する。希少性がなければ、競合企業の新規参入の脅威が大きくなる。

③ Imitability（模倣困難性）

　企業の経営資源が模倣されにくいかどうかを分析する。模倣されやすければ、一時的に競合企業より優位性を保てても、時間とともに優位性を喪失する。一般的にマニュアル化しにくいノウハウ、習得に時間やコストがかかるものほど模倣困難性は高い。また特許などの知的財産戦略も有効である。

④ Organization（組織）

　企業の経営資源を有効に活用できる組織体制になっているかを分析する。どんなにすばらしい経営資源でも、それを活かせる組織体制がないと宝の持ち腐れになる。

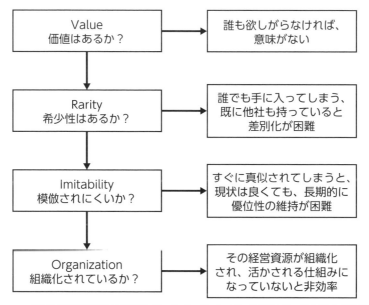

【 VRIO分析の４つの視点 】

出所：『企業戦略論（上）基本編』ジェイ・B・バーニー著　岡田正大訳　ダイヤモンド社を修正

追加 ポイント

令和５年度はVRIO分析が論点として出題され、令和４年度は選択肢の１つとして出題されている。過去には模倣困難性に特化した出題がされるなど、特に模倣困難性については出題頻度が高いため、しっかりと押さえておきたい。

過去問

令和５年度　第２問　VRIO
令和４年度　第３問　環境分析
令和２年度　第１問　VRIOフレームワーク

B 論点20 価値連鎖 (バリューチェーン)

ポイント

価値連鎖 (バリューチェーン) は、ポーターの競争優位の戦略の前提となる。

1 価値連鎖 (バリューチェーン) とは

価値連鎖とは、企業活動を機能ごとに細分化し、どの機能で価値を生み出しているのか、どの機能に強みや弱みがあるのかを分析するフレームワークである。この分析により企業のコア・コンピタンスを明確にし、価値を生まない機能のアウトソーシングを行うなどの意思決定を行うことができる。

2 価値連鎖の分類

ポーターは価値連鎖を顧客と直接関与する主活動と、顧客とは直接関与しないが主活動を遂行するために必要な支援活動に分類している。

主活動は、購買物流、製造、出荷物流、販売・マーケティング、サービスから、支援活動は、全般管理 (企業インフラストラクチャ)、人事・労務管理、技術開発、調達活動から構成される。

【 価値連鎖 (バリューチェーン) の基本形 】

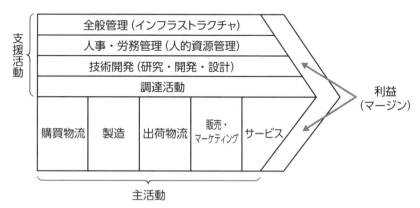

出所：『競争の戦略』M・E・ポーター著　土岐坤・中辻萬治・服部照夫訳　ダイヤモンド社

❸ 価値連鎖とVRIO分析

価値連鎖とVRIO分析【論点19】を組み合わせた競争優位分析の応用型もある。企業の強み、弱みを詳細に分析するのに有効である。

【 価値連鎖とVRIO分析の応用 】

		V（価値）	R（希少性）	I（模倣困難性）	O（組織）
主活動	購買物流				
	製　造				
	出荷物流				
	販売・マーケティング				
	サービス				
支援活動	調達活動				
	技術開発				
	人事・労務管理				
	全般管理				

追加 ポイント

令和2年度には、垂直統合度を高くする原因について出題された。垂直統合とは、生産から販売に至る各業務を垂直的な流れとみて、複数の段階を1つの企業内にまとめることをいう。

過去問

令和4年度　第3問　環境分析
令和4年度　第6問　垂直統合
令和2年度　第6問　垂直統合

論点21 競争地位別戦略

ポイント

競争地位別戦略は、コトラーがマーケットシェアから企業を分類し、タイプ別に戦略目標を提示した考え方である。

1 競争地位別戦略とは

競争地位別戦略とは、経営資源の量の大小と質の高低で、リーダー、チャレンジャー、フォロワー、ニッチャーという4つの競争地位に分類し、その競争地位に適した戦略を策定することで確実性を高める。

【 競争地位別戦略マトリックス 】

		相対的経営資源の質	
		高い	低い
相対的経営資源の量	大きい	リーダー	チャレンジャー
	小さい	ニッチャー	フォロワー

2 4つの競争地位

① リーダー

リーダーは、業界シェア第1位で、経営資源の質、量とも優れている企業である。価格、新製品、流通などで、市場をリードしていくポジションになる。

市場目標	最大シェア維持、最大利潤確保、名声・イメージの確立
戦略標的	フル・カバレッジ (すべての顧客対象)
戦略定石	周辺需要拡大：新しい顧客ニーズを発掘し市場のパイを拡大する。 非価格対応：値引き競争を避ける。(リーダーはシェアが大きい分、価格競争になると損失も大きくなるため) 同質化戦略：チャレンジャーの差別化を無効にする模倣を行う。 最適シェア維持：独占禁止法に抵触しない程度にシェア拡大する。

② チャレンジャー

チャレンジャーは、業界シェア2、3位で、経営資源の量はリーダーと同等だが、質で劣る企業である。リーダーに挑戦しシェア拡大を図る。

市場目標	市場シェア拡大、リーダー地位奪取
戦略標的	セミ・フルカバレッジ
戦略定石	対リーダー差別化：リーダーの弱点をつく差別化を行う。

③ フォロワー

フォロワーは、業界シェアは小さく、経営資源の量、質ともに劣る企業である。リーダーやチャレンジャーに挑戦せず、生存利潤の確保を図る。

市場目標	生存利潤の確保
戦略標的	経済性セグメント（低～中価格帯）
戦略定石	模倣戦略・リーダーの戦略を模倣し、開発コストなどを削減する。

④ ニッチャー

ニッチャーは、経営資源の量は小さいが、質に独自性を有し、特定市場に優位性を持つ企業である。得意分野に経営資源を集中させる。

市場目標	特定市場における名声・イメージ、利潤
戦略標的	特定市場セグメント
戦略定石	ミニリーダー戦略：特定市場でリーダーと同じ戦略を採る。

追加 ポイント

2年連続で本論点が出題された。前年度同様、競争地位別戦略に関する知識の応用力を試す出題がなされている。診断士としては、特にニッチャーの視点は重要なので理解しておこう。

過去問　令和5年度　第5問　競争地位別戦略
令和4年度　第4問（設問2）　競争地位別戦略

2次 論点22 取引先の分散

経営リスクを抑える方法として取引先（販売先・仕入先）を分散する方法がある。

◢1◣ 販売先集中のメリットとリスク

メリット	・取引関係を密接にすることで、商品開発などの連携が容易になる。 ・大量受注によりコストダウンが図りやすくなる。 ・売上の安定につながりやすい。
リスク	・買い手の交渉力により価格圧力を受けやすくなる。 ・販売先が倒産や仕入先の転換をすると売上が激減し経営危機に陥る。 ・新規顧客開拓のモチベーションが上がらず疎かになる。

◢2◣ 仕入先集中のメリットとリスク

メリット	・仕入先の依存度を高めることで価格交渉力が高まる。 ・仕入先と連携した新製品開発が可能になる。
リスク	・完成品メーカーの場合、仕入れる部品が特定の仕入先からしか手に入らないと売り手の交渉力で値上げ圧力を受ける。 ・仕入先が災害などで供給が滞ると操業停止に陥る。

◢3◣ 取引先の分散の効果

販売先分散	・依存度を下げることで買い手の交渉力にる価格圧力を下げられる。 ・販売先が倒産をしても、他の販売先でカバーできる。
仕入先分散	・災害により部品供給がストップしても操業を継続できる。 ・仕入先の競争により、品質の向上が期待できる。 ・売り手の交渉力による値上げ圧力を回避できる。

【 集中取引と分散取引 】

取引先の倒産：ケース①〈1社に依存〉

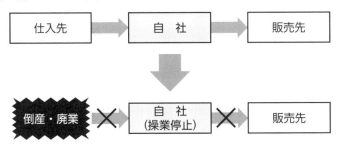

取引先の倒産：ケース②〈数社に依存〉

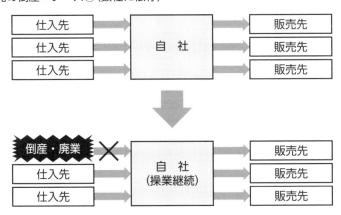

出所：『経営力向上ハンドブック　戦略・経営者編』東京商工会議所

追加 ポイント

近年は出題されていないが、事例問題風に出題される。2次試験でも出題されやすい論点なのでしっかり理解しておこう。

過去問　過去5年間での出題はない。

B 論点23 イノベーション

> イノベーションとは、全く新しい技術や考え方を取り入れることで新たな
> 価値を生み出し、社会に大きな変化を与えることを意味する。

1 イノベーション

　日本では一般的に「技術革新」と訳されるが、経済学者のシュンペーターは、著書『経済発展の理論』の中で「新結合」と呼び、イノベーションの5類型を提示した。

① 新しい生産物または生産物の新しい品質の創出と実現
② 新しい生産方法の導入
③ 新しい販売先の開拓
④ 新しい仕入先の獲得
⑤ 新しい組織の実現

2 イノベーションの分類

　イノベーションを分類すると、以下のようになる。

プロダクト イノベーション	過去に無かった新製品を生み出すこと。一般的にいわれる技術革新である。
プロセス イノベーション	これまでの手法を見直し新しい手法をとること。生産工程などのほか、事務処理手法の革新なども含まれる。
ビジネス イノベーション	全く新たなビジネスモデルを創出すること。社内ベンチャーなどで過去にとらわれない新規事業を創造すること。
持続的 イノベーション	既存製品や生産工程の機能向上をすること。改良、改善の技術革新である。
破壊的 イノベーション	過去の価値観を破壊し新しい価値観を市場にもたらす技術革新である。出現当初は評価されないことが多い。
リードユーザー イノベーション	製品をいち早く購入し先端的な知識や情報を持つリードユーザーを利用して行うイノベーションである。
リバースイノベーション	先進国の企業が、新興国で製品を開発し、その製品を新興国だけでなく先進国にも展開すること。

❸ 研究開発のプロセス

研究開発は大きく分類して、基礎研究、応用研究、開発の3段階に分類される。

基礎研究	実用面を考慮することなく、仮説や理論を形成し新しい知識や技術を得るために行われる実験的な研究である。
応用研究	基礎研究の結果をもとに、実用化の可能性を確かめたり、既存技術に新たな方法を模索したりする研究である。
開発（開発研究）	基礎研究や応用研究の結果をもとに、現実の製品を作り上げていく活動である。

❹ イノベーション・モデル

イノベーションの発生過程モデルは大きく、リニアモデルと連鎖モデルの2つに分類される。

リニアモデル	基礎研究、応用研究、開発、実用化まで手順を踏んで直線的に考えるイノベーション・モデルである。
連鎖モデル	基礎研究、応用研究、開発、実用化までのプロセスが直線ではなく、各々が連鎖フィードバックを繰り返しながら進展していくイノベーション・モデルである。

❺ オープン・イノベーション

オープン・イノベーションとは、企業内部と外部のアイデアを組み合わせることで、革新的で新しい考え方を創り出すことを目的に生まれた考え方である。

このオープン・イノベーションがもたらすメリットは、自社のみで進めてきた研究開発にかかってきた時間を短縮し、効率的に遂行できることである。また、自社の力だけでは解決できない課題に対し解決策を見つけ、企業の研究開発の新たな成果を生み出すことができることもあげられる。

追加 ポイント

ほぼ毎年、イノベーションに関連する問題が出題されている。令和2年度および令和元年度には、イノベーションに関する用語が選択肢の1つとして用いられている。イノベーションは、近年出題頻度が高まっているため、それぞれの分類についてしっかりと理解しておきたい。

過去問
令和5年度　第9問　イノベーションのプロセス
令和2年度　第8問　イノベーション
令和元年度　第8問（設問2）　ネットワーク外部性

論点24　イノベーションの進化と普及

ポイント

> 一般に技術の進歩は、S字カーブを描くとされるが、イノベーションにより非連続となる場合がある。

1 技術進歩のS字カーブ

　縦軸に技術成果、横軸に費やした資金や時間としたグラフにすると、技術進歩の過程がS字型の曲線を描くことである。開発当初は資金や時間を費やしても成果が出ず、ある時に急激に成長し、技術が成熟すると鈍化する流れになる。

【 技術進歩のS字カーブ 】

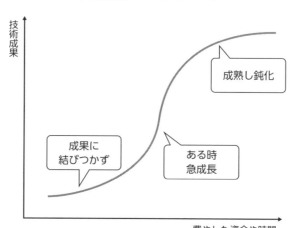

2 技術革新の非連続性

　ある既存技術が限界に達すると、新たなイノベーションにより次世代技術に交代していくが、その次世代技術は既存技術からの継続的なものではないということである。シュンペーターはこれを「馬車をいくら連続的に改良しても、鉄道にはならない」と喩えた。

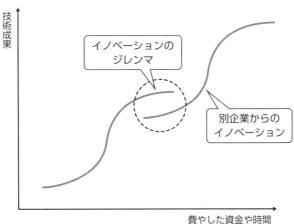

【 技術革新の非連続性 】

技術成果

イノベーションの
ジレンマ

別企業からの
イノベーション

費やした資金や時間

❸ イノベーションのジレンマ

　次世代技術は、既存技術を保持するリーダー企業ではなく、リーダー企業以外から生まれることが多い。これは、既存技術を保持するリーダー企業が、主要顧客を失うことを恐れ、リスクの小さい持続的イノベーションに終始してしまい、次世代技術開発が遅れることが多く、ライバル企業の破壊的イノベーションに対抗できなくなるためである。この現象を「イノベーションのジレンマ」と呼ぶ。

追加 ポイント

令和4年度には、イノベーションのジレンマが論点として問われた。

過去問　令和4年度　第9問 イノベーションのジレンマ

論点25 イノベーションの障害と促進

ポイント

> イノベーションを進める研究開発プロセスの中では数々の障害・難関が発生する。その障害を打開する促進策もいくつか存在する。

1 イノベーションの障壁

イノベーションを実用化し事業化するまで障害・難関が立ちはだかる。その障害・難関を発生する状況に応じて川、谷、海の3つに喩えて呼ばれる。

【 イノベーションの障壁 】

魔の川 （デビルリバー）	基礎研究のアイデアを、実用化できる成果に結びつけるまでにかかる時間の障壁である。
死の谷 （デスバレー）	応用研究の成果が実用化・製品化されるまでに、研究開発コストがかさみ、資金不足に陥る研究開発の障壁である。
ダーウィンの海	研究開発の結果が実用化・製品化された後、販路開拓や生産設備を充実させ、ビジネスを軌道に乗せるまでの障壁である。

【 各障壁の発生する状況 】

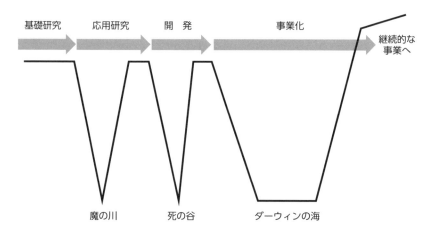

イノベーションの障壁克服には、他社との技術提携、開発要員の市場への接触、営業や生産部門との連携が必要になる。

② イノベーションの促進策

　イノベーションの障害・難関を乗り越えるために、いくつかの促進策が存在する。それらを以下に示す。

【 イノベーションの促進策 】

産業クラスター	特定分野の企業、供給業者、サービス提供者、大学・研究機関、法律事務所、会計事務所などのビジネスを支援する専門組織、公的機関、などが一定地域に集積した状態のこと。ハイテク産業が集積したアメリカのシリコンバレーが代表例である。ポーターは、科学技術インフラなど特定のロケーションに埋め込まれた知識を持つ産業集積地が数多く誕生することが、競争原理を通じて国家の産業競争力の向上につながることを主張した。
産学官連携	市場化・製品化のノウハウはあるが、長期にわたり研究開発に投資し続けることが困難な企業と、採算性を考慮せず長期にわたり研究を行うことはできるが、市場化・製品化のノウハウがない大学などの教育機関とを、公的機関がマッチングさせて連携する活動である。
ベンチャーキャピタル	ベンチャー企業に投資を行い、その創業と成長を促進する専門投資会社。ベンチャー企業の株式に投資を行い、企業価値を高めたあと株式を売却し利益を得ることが主目的となる。投資事業組合 (VCファンド) を設立することが多い。
エンジェルビジネス	ベンチャー企業など創業期の企業に資金面で支援するとともに、経営指導など企業成長のための支援を行う個人のことである。

追加 ポイント

平成30年度には、イノベーションの障壁として説明している魔の川、死の谷、ダーウィンの海が出題された。それぞれどの段階で発生するものであるか、頭に入れておこう。

過去問　過去5年間での出題はない。

論点26 製品アーキテクチャ

製品アーキテクチャとは、製品部品間のインターフェースを表す。

◻1 製品アーキテクチャ

製品アーキテクチャとは、製品を構成する部品間のインターフェース（部品そのものや情報などをやり取りする連結部）に関する基本的な設計構想のことである。大きく、インテグラル型（擦り合わせ型）とモジュール型（組み合わせ型）に分類され、さらにモジュール型はオープン型（業界標準）とクローズド型（企業秘密）に分類される。

◻2 モジュール型（クローズド・モジュール型）

モジュール型とは、明確に定義されたインターフェースにより、独立した機能を持つ部品をシンプルな連結部で組み合わせて1つの製品を作り上げる設計思想である。インターフェースが企業内の秘密とされているものをクローズド・モジュール型と呼ぶ。

【 モジュール型のメリットとデメリット 】

メリット	・部品間の調整コストが削減できる。 ・組み合わせを変えるだけで、多様なシステムに対応できる。
デメリット	・インターフェースに汎用性を持たせるため、製品全体の最適化が困難になる。 ・一度設定すると長期間インターフェースを固定する必要があるため、インターフェースそのものの進化が遅れやすい。

◻3 インテグラル型（クローズド・インテグラル型）

インテグラル型とは、部品間のインターフェースが標準化されず、全体構成を踏まえてインターフェースを個別に擦り合わせて作り上げる設計思想である。乗用車が代表例である。

【 インテグラル型のメリットとデメリット 】

メリット	・製品全体の品質向上や最適化につながる。 ・ムダのない全体設計が可能になる。 ・システムの模倣困難性が高まり、競争優位性が持続できる。
デメリット	・部品間の仕様調整にコストや時間がかかる。 ・システムが複雑になり、多様性が追求しにくくなる。

■ オープンアーキテクチャ型 (オープン・モジュール型)

オープンアーキテクチャ型とは、モジュール型アーキテクチャのインターフェース仕様を業界に公開し、企業枠を超えてモジュール化する経営戦略である。

【 オープンアーキテクチャ型のメリットとデメリット 】

メリット	・デファクトスタンダードの確立が可能になる。 ・システムの多様性の幅が広がる。 ・部品間の競争により、性能が向上する。
デメリット	・製品性能での差別化が困難になり価格競争が激化、ブランド力のない企業は不利になる。

【 製品アーキテクチャの分類 】

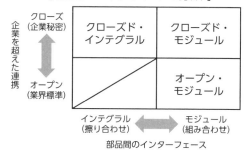

追加 ポイント

・令和元年度には、具体的な製品がモジュール型かインテグラル型かを判断させる問題が出題された。それぞれの型の内容やメリット・デメリットについて、しっかりと理解しておこう。
・同じ規格に参加するメンバーが多いほど、その規格に参加するメンバーの効用が高まることを指すネットワーク外部性についても押さえておこう。

過去問　令和元年度 第11問 製品アーキテクチャ

B 論点27 ナレッジマネジメント

ポイント

ナレッジマネジメントとは、組織や個人が持つ知識、情報、技能、知恵などを管理することである。

■ ナレッジマネジメント

　組織や個人が持つ知識、情報、技能、知恵などの総称をナレッジと呼び、それを管理継承することをナレッジマネジメントと呼ぶ。生産管理、販売管理、財務管理、人的資源管理、情報管理に続く第6の管理領域ともいわれる。

　団塊世代の大量定年退職により、ベテラン従業員の熟練技術をどのように継承するかが問題になりクローズアップされた。

■ ナレッジの種類

　ナレッジは大きく、暗黙知と形式知に分類される。

【 ナレッジの種類 】

暗黙知	個人や組織が持つ、文字や数字で表すことができないノウハウやスキルである。溶接技術などは容易に伝承できない。
形式知	文字や数字で表すことができる客観的な知識である。マニュアルなどを作成することで容易に伝承ができる。

　また保有者により、個人ナレッジと組織ナレッジに分類される。

【 保有者による分類 】

個人ナレッジ	営業トーク術など、個人に帰属する知識や技術で個人が活用、再利用しているもの。共有化が困難である。
組織ナレッジ	販売マニュアルなど、組織として管理されている知識や技術である。共有化がしやすい。

■ SECIモデル

　SECIモデルとは、野中郁次郎教授と竹内弘高教授により提唱されたナレッジマネジメントのフレームワークである。知識などのナレッジは、個人と個人の相互作用、あるいは組織と組織の相互作用により変化・深化・進化していくものであるという考えの下に構築されているとした。

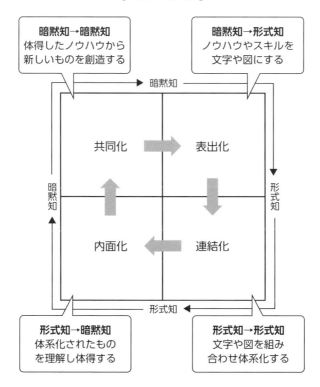

【 SECI モデル 】

暗黙知→暗黙知	暗黙知→形式知
体得したノウハウから新しいものを創造する	ノウハウやスキルを文字や図にする

暗黙知

共同化	表出化

暗黙知　　　　　　　　　　形式知

内面化	連結化

形式知

形式知→暗黙知	形式知→形式知
体系化されたものを理解し体得する	文字や図を組み合わせ体系化する

4 マニュアル

　組織が持つノウハウやスキルを体系化、文書化した手引書をマニュアルという。業務の統一化、共有化、ノウハウ継承の確保、効率化によるコスト低減ができる一方、ルール重視により、サービスの無機質化による顧客満足度の低下やマニュアルにない状況に対応できなくなる恐れがある。

追加 ポイント

令和5年度には、2年連続で知識創造理論について出題された。ナレッジの種類やSECIモデルのフレームワークについては、基礎知識として押さえておきたい。

過去問
令和5年度　第11問　組織的知識創造理論
令和4年度　第10問　知識創造理論
令和3年度　第10問　知識創造理論

B 論点28 海外進出

ポイント

近年増加している中小企業の海外進出にはリスクが存在し、対策が必要である。

1 海外進出

日本市場の停滞、円高といった環境の変化により、海外進出する中小企業が増加した。海外進出の目的もかつては「安価な原材料、労働力の確保」だったが、現在は「新市場の開拓」に変わってきている。

2 カントリーリスク

カントリーリスクとは、海外投資や貿易を行う際、対象国の政治・経済・社会環境の変化による商業リスクとは無関係に収益を損なう度合いのことである。一般的に発展途上国は高く、先進国ほど低い。

【 カントリーリスク 】

政治情勢	内乱や戦争など政情不安定な要因により、企業活動ができなくなるリスクである。
自然災害	地理的環境や防波堤などのインフラ整備の遅れにより、災害に巻き込まれるリスクである。
治　安	犯罪などに巻き込まれるリスクである。日本と同じ治安を期待できないことが多い。
ノウハウ流出	ノウハウ盗用や商品の違法コピーに遭うリスクである。モラルが守られない国もある。
商習慣	代金回収が不能になるなどのリスクである。代金支払いの商習慣が日本と違うことも多い。
法制度	法律が違うことにより損害を受けるリスクである。契約書にどちらの国の法律で取引をするかを明記しておく必要がある。
インフラ未整備	停電などにより企業活動が停滞するリスクである。電気や水道が整備されていない国も多い。
経済環境	為替レートや景気変動によるリスクである。

3 リスク対策

　中小企業白書の統計でも海外進出に「信頼できるパートナーがいること」は上位に挙げられている。すでに海外進出している企業から、信頼できるパートナーを紹介してもらう方法や国内外の公的機関の活用も検討する。また商社参加型の海外進出はリターンも減る分、リスクも軽減できる。さらに親企業の支援や指導を受けることを前提に、余剰資源を活用して海外生産を開始することでもリスクが軽減できる。

4 越境EC（電子商取引）の展開

　中小企業白書によると、海外展開において「販売先の確保」を課題として回答する割合は高い状態である。そのようななか、中小企業においても国境を越えた取引（越境EC）も活発になっており、実際に販売でECを活用している企業のうち、越境ECを利用している企業の割合も2016年以降増加傾向となっている。

【 越境ECの利用状況 】

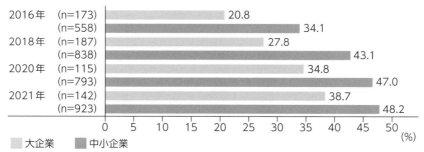

資料：（独）日本貿易振興機構「2021年度日本企業の海外事業展開に関するアンケート調査」（2022年2月）
出所：『2022年版中小企業白書』
（注）販売でECを利用している企業に占める、日本国内から海外への販売にEC（越境EC）を利用している企業の割合を示している。

追加 ポイント

中小企業白書にも海外進出の内容は毎年のように掲載されており、企業経営理論からの出題率も高い。特にカントリーリスクについては頭に入れておこう。

過去問

令和5年度　第12問　国際化
令和4年度　第11問　海外進出
令和2年度　第12問　国際経営

B 論点29 企業の社会的責任とコーポレートガバナンス

ポイント

企業の社会的責任とコーポレートガバナンスなどは、企業の大規模不祥事により注目されるようになった。

1 歴史

アメリカで発生したエンロン、ワールドコムの粉飾決算事件より株式市場への信用失墜が起こり、それら企業の経営破たんによる連鎖倒産や大量失業者などで経済が大混乱に陥った。この事件が発端になり、企業の社会的責任(CSR)、コンプライアンス、コーポレートガバナンスが強く注目されるようになった。

2 企業倫理

企業倫理とは、企業が経営活動上、自主的に定める守るべき行動規範である。後述するコンプライアンス(法令遵守)はもちろん、自然環境維持、社会貢献、人権保護などの道徳的観点も含まれる。

3 企業の社会的責任(CSR)

企業は利益を追求する経済集団であると同時に国や地域社会の一員であるとして、消費者、投資家などの利害関係者(ステークホルダー)に与える影響に対して責任を負うこと。企業倫理が守るべきモラル的な意味があるのに対し、CSRは自発的な行動を意味する。

4 コンプライアンス(法令遵守)

コンプライアンスとは、企業が法律や社内規定などルールに従って活動することである。CSRが法律やルールにとらわれない活動であるの対し、コンプライアンスは最低限の法律やルールの遵守活動になる。

5 コーポレートガバナンス

コーポレートガバナンスとは、利害関係者(ステークホルダー)の立場から、コンプライアンス違反はないかなどの、企業マネジメントが適正に行われているかを監視する制度である。企業統治とも呼ばれる。内部統制制度や社外監査役の導入、監査委員会の設置などを行う。

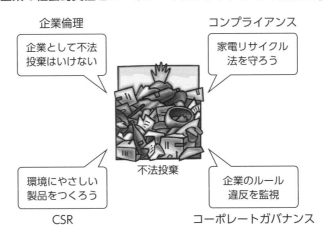

【 企業の社会的責任とコーポレートガバナンスなどの概念図 】

企業倫理

企業として不法
投棄はいけない

コンプライアンス

家電リサイクル
法を守ろう

不法投棄

環境にやさしい
製品をつくろう

CSR

企業のルール
違反を監視

コーポレートガバナンス

6 ディスクロージャー

ディスクロージャーとは、利害関係者に対し企業内部情報を公開することである。

【 ディスクロージャー 】

制度的 ディスクロージャー	株式上場企業が公開している財務諸表など、会社法などで定められているディスクロージャーである。
自発的 ディスクロージャー	公開義務のない非上場の中小企業が財務諸表を公開するなど、自発的に行うディスクロージャーである。
IR (インベスターズリレーションズ)	投資家向けの広報活動のことである。個人投資家などの増加により、重要性が高まっている。

追加 ポイント

3年連続でCSRについて出題された。【企業の社会的責任とコーポレートガバナンスなどの概念図】に記載した4つの概念やディスクロージャーについては、理解しておきたい。

過去問

令和5年度 第13問 CSR
令和4年度 第12問 CSR
令和3年度 第13問 CSR

中小企業診断協会が公表している令和6年度の「企業経営理論」の科目設置の目的と内容は、以下のとおりです (令和5年9月11日に変更を発表)。

科目設置の目的

企業経営において、資金面以外の経営に関する基本的な理論を習得することは、経営に関する現状分析及び問題解決、新たな事業への展開等に関する助言を行うにあたり、必要不可欠な知識である。また、近年、技術と経営の双方を理解し、高い技術力を経済的価値に転換する技術経営 (MOT) の重要性が高まっており、こうした知識についても充分な理解が必要である。このため、経営戦略論、組織論、マーケティング論といった企業経営に関する知識について、以下の内容を中心に判定する。

内　容

1. 経営戦略論

(1) 戦略の考え方

戦略的意思結締、階層別戦略 (企業戦略、事業戦略、機能戦略)、戦略策定プロセス、外部環境分析、内部環境分析 (VRIO)、コアコンピタンス・ダイナミックケイパビリティ、その他

(2) 企業戦略

ドメイン (企業ドメイン・事業ドメイン、ドメインの定義)、多角化 (シナジー、関連型多角化・非関連型多角化)、PPM (製品ライフサイクル、市場シェア、経験曲線)、垂直統合、M&A、戦略的提携、その他

(3) 競争戦略

業界の構造分析 (価値連鎖)、競争優位の戦略 (コストリーダーシップ戦略、差別化戦略、焦点戦略)、競争地位別戦略 (リーダー、チャレンジャー、ニッチャー、フォロワー)、業界標準 (プラットフォーム)、その他

(4) 技術経営 (MOT)

技術戦略 (技術戦略の策定、技術と市場の統合、知財戦略)、イノベーションマネジメント (イノベーションプロセス、イノベーションのジレンマ、オープンイノベーション、製品アーキテクチャー)、新規事業開発 (新規事業の組織とマネジメント、ビジネスモデル、スタートアップ、アントレプレナーシップ)、知識経営、その他

(5) 国際経営戦略

海外進出形態 (輸出、海外直接投資、ライセンス供与)、グローバル統合とローカル適応、国際経営戦略の類型 (グローバル、マルチナショナル、インターナショナル、トランスナショナル)、国際経営戦略と組織、本社-海外子会社のマネジメント、その他

(6) 企業の社会的責任

CSR・CSV、ステークホルダー、コーポレート・ガバナンス、企業活動の監視、企業倫理、その他

(7) ファミリービジネスの戦略

創業、事業承継、ファミリービジネスと地域、その他

(8) その他経営戦略論に関する事項

(以下、p.109につづく)

組織論

論点1　伝統的組織論

組織管理に関して、テイラーの科学的管理法、ファヨールの管理過程論を押さえる。

1 テイラーの科学的管理法

アメリカの機械技師であるテイラーは、当時工場内に蔓延していたサボタージュ（組織的怠業）を改善するため科学的管理法を提唱した。

それまでの目分量による成行管理を廃止し、時間研究と動作研究により1日の適切な作業量である課業を科学的に設定し、標準化する課業管理を実施しIE（経営工学）の原点となった。

【 テイラーの科学的管理法 】

管理原則	• 大いなる日々の課業 • 標準的諸条件 • 成功に対する高賃金の支給 • 失敗に対する低賃金の支給
課業設定	• 時間研究 　労働者の作業を要素分解し、その作業を実行するための時間分析を行う研究である。 • 動作研究 　労働者の作業の基本動作を分析し、無駄な動作を排除し必要な動作を組み合わせて標準動作を組み立てる研究である。
賃金制度	• 差別的出来高給制度 　課業を達成した労働者には高い賃率、達成しなかった労働者には低い賃率を適用する制度である。
組織形態	• 職能別職長制度 　職能別に職長を置き、専門化を徹底した制度である。それまでは1人の職長があらゆる機能を遂行する万能型職長制度だった。
問題点	• 労働者を機械視（機械人仮説）し、人間性を考慮していない。 • 製造工程の部分的管理になり、全社的効率化の視点がない。

❷ ファヨールの管理過程論

　フランスの実業家であるファヨールは、全社的視点で管理論を展開させた管理過程論を提唱した。

　ファヨールは企業活動を「技術、商業、財務、保全、会計、管理」の6つに分類した。なかでも管理活動の重要性を強調し、管理活動を「計画、組織、指揮、調整、統制」の5つの機能に分類し、管理過程をマネジメント・サイクルと認識した。これに加えて14の管理原則を主張し組織原則の基礎を築いた。

【 ファヨールの管理過程論 】

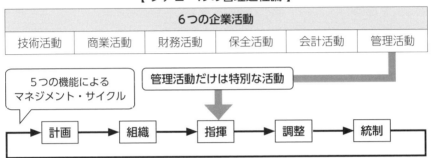

6つの企業活動					
技術活動	商業活動	財務活動	保全活動	会計活動	管理活動

5つの機能による
マネジメント・サイクル

管理活動だけは特別な活動

計画　→　組織　→　指揮　→　調整　→　統制

14の管理原則		
①分業	⑥個人利益の全体利益への貢献	⑪公正
②権限と責任	⑦従業員の報酬	⑫従業員の安定
③規律	⑧権限の集中	⑬創意の気風
④命令の一元制	⑨階層組織	⑭従業員団結
⑤指揮の一元制	⑩秩序	

追加 ポイント

企業経営理論での出題頻度は高くないが、科学的管理法は運営管理に関連するので押さえておこう。

過去問　過去5年間での出題はない。

2次 論点2　官僚制組織論

ポイント

ウェーバーの官僚制組織論は、機能別組織、事業部制組織の基本となっている。

■1 ウェーバーの官僚制組織論（ビューロクラシー論）

社会科学者であるウェーバーは、最も合理的、効率的な組織形態として官僚制組織を提唱した。高度に専門化され、規則に従い機械のように職務遂行することで迅速かつ正確に目標達成できるとし、事業部制組織の基本となった。ところが、その一方で官僚制の逆機能（マイナス効果）も生み出した。

【 ウェーバーの官僚制組織論 】

特徴	・規則による手続きの徹底 ・分業と専門化・階層的権限体系 ・文書による職務遂行・非人格化
組織形態	経営者が頂点のトップダウンのピラミッド型組織形態である。
問題点	過度な合理性の追求により、官僚制の逆機能が発生する。

■2 官僚制の逆機能

官僚制組織は合理性を追求した組織だが、その一方でマイナス面を持つ。このマイナス面を官僚制の逆機能と呼ぶ。

【 官僚制の逆機能 】

訓練された無能	規則遵守や行動の標準化により、意思決定パターンが硬直化し状況変化に対応できない。
目標の置換	目標達成のための手段である規則が目標化される。
最低許容行動	処罰を恐れ、規則通りの行動しかとらなくなる。
没人格化	分業と専門化を追求するあまり、個人的成長が阻害される。
顧客不在	人間関係の非人格化を強調し、顧客ニーズや状況を配慮しない規則適応が行われる。
革新の阻害	保守志向になり、新しい取り組みを考えなくなる。

【 官僚制組織 】

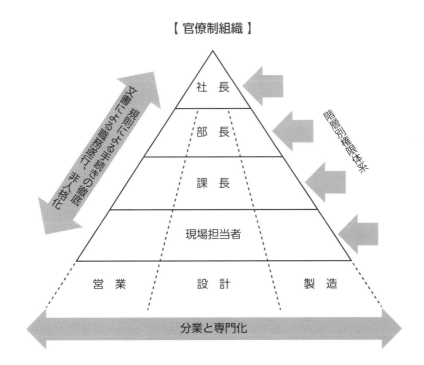

社　長

部　長

課　長

現場担当者

営　業　　　　設　計　　　　製　造

文書による規則にもとづく職務遂行・非人格性

階層別権限体系

分業と専門化

追加 ポイント

平成10年代は出題されていたが、近年はほとんど出題されていない。しかし、選択肢の中で官僚制というキーワードが用いられる場合があるので、少なくともイメージは押さえておこう。

過去問　過去5年間での出題はない。

論点3　人間関係論

ポイント

メイヨーとレスリスバーガーの人間関係論は、リーダーシップ理論、モチベーション理論の原点となった。

❶ ホーソン実験

　ホーソン実験とは、アメリカのメイヨーとレスリスバーガーが、ウエスタン・エレクトリック社のホーソン工場で、生産性向上要因を科学的に解明しようとした実験である。当初は「物理的作業環境を向上すれば、作業能率も上がる」という仮説の実証からスタートしたが、実験の結果、作業能率は上がらなかった。しかし、この実験で得られた結果は、その後の人間関係論の基礎となった。

　また、人は注目を浴びることで、相手の期待に応えようとする心理的行動がはたらき、良い成果を上げる傾向がある。これをホーソン効果という。

【 ホーソン実験 】

「物理的作業環境を向上すれば、作業能率も上がる」という仮説の実証

「照明実験」「継電器組立実験」「面接実験」「バンク配線実験」の実施

物理的作業環境を向上しても、作業能率が上がらなかった

① 物理的作業環境と作業能率の間に、相関関係はない。 ② 労働者の間にフォーマル組織とインフォーマル組織の集団がある。 ③ 労働者の労働意欲は、職場での人間関係に大きく左右される。 ④ 労働者の作業能率は、個人の態度・感情が大きく影響する。

② フォーマル組織とインフォーマル組織

　レスリスバーガーは、経営組織にはフォーマル組織（公式組織）とインフォーマル組織（非公式組織）の２つがあるとし、作業効率向上にはフォーマル組織だけではなく、インフォーマル組織の管理が重要と提唱した。

【 フォーマル組織とインフォーマル組織 】

フォーマル組織 （公式組織）	企業の部署など、組織目標の達成のためにルールに基づいて形成される公に認められた組織である。
インフォーマル組織 （非公式組織）	社内の飲み仲間など、フォーマル組織の中に自然発生的に生まれる集団である。公式的なルールや目標は持たないが独自の集団規範が形成され、メンバーの行動や考え方に影響を及ぼす。

③ 社会人モデル（感情人モデル）

　メイヨーとレスリスバーガーは、これまでの伝統的組織論で提唱されていた、「人は物理的条件を整備すれば作業能率が上がる」という経済人モデルを否定し、「物理的条件に加え、個人の感情や人間関係が作業能率に大きな影響を与える」という社会人モデル（感情人モデル）を提起した。これがその後のリーダーシップ理論、モチベーション理論の発展への礎になった。

追加 ポイント

平成30年度には、ホーソン効果について出題された。それぞれの用語について、概要を理解しておきたい。

過去問 過去5年間での出題はない。

論点4　近代的組織論

ポイント

> バーナードの協働体系論と組織均衡論は、組織を職務構造や権限関係ではなく、組織全体の仕組みとして解明した。

❶ バーナードの近代的組織論

バーナードは「組織とは、2人以上の人間の意識的に調整された行動・活動または諸力のシステムであり、協働体系（協働システム）である」と定義し、協働体系論と組織均衡論を展開した。

❷ 組織成立の3要素

組織成立には以下の3つの要素がある。

① 共通目的

一般に経営目的、経営目標となる。経営者により明確化し、メンバーに対して周知、理解される必要がある。

② 貢献意欲（協働意欲）

組織の共通目的を達成しようというメンバーの意思で、モラールとほぼ同じ意味。モチベーションが個人目的の達成に起因するのに対し、貢献意欲は組織目的の達成に起因する。

③ コミュニケーション

組織のメンバー間の意思伝達や伝達経路。目的の共通化と貢献意欲があっても、メンバー間のコミュニケーションがなければ集団行動は呼び起こせない。

❸ 組織均衡論

誘因とは、賃金など組織からメンバーに与えるアウトプットであり、貢献とは、労働力などメンバーから組織が受けるインプットである。

メンバーがその組織に参加するかどうかは貢献と誘因のバランス（誘因≧貢献）によって決定され、メンバーの継続的な参加を動機づけるには、組織は十分な支払い能力を整える必要がある。この組織を存続されるための貢献と誘因のバランスを、均衡または組織の均衡条件と呼び、貢献から誘因への変換率を能率と呼ぶ。

そしてメンバーの貢献による組織目標の達成度を有効性と呼び、有効性の高い状態が、組織存続の条件になっている。

【 貢献と誘因の関係 】

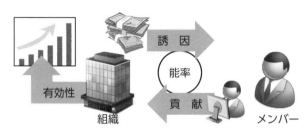

4 組織コミットメント

　組織コミットメントとは、個人が特定の組織に対して強い一体感を持ち、その組織に深く関わることである。構成要素として、主に「組織のゴールや価値観に共鳴していること」「組織のためになるようなことに対して労力を惜しまないこと」「組織のメンバーでありつづけたいという強い願望を持っていること」の3つがあると考えられている。多くの研究がなされており、その中で、

- 感情的コミットメント（組織への愛着によるもの）
- 存続的コミットメント（組織を離れた際のデメリットなどを考えた時によるもの）
- 規範的コミットメント（理屈抜きで組織には従うものだという意識によるもの）

という考えも出現してきている。

追加 ポイント

毎年のように出題されている頻出論点である。応用的な出題も見られるため、本論点で説明している考え方について、しっかりと理解を深めておきたい。

2次 **論点5** 組織原則

> 4つの組織原則と分業システムは、ライン組織、事業部制組織の基本原則になる。

1 組織原則

　組織は、専門化、命令一元化、権限・責任一致、統制の範囲の4つの原則を持つ。

① 専門化の原則

　組織活動が特定の役割に分割された状態のことで、分業化の基本となる考え方である。この原則により、各組織構成員は、効率的に業務遂行に必要な専門的知識と熟練を習得でき、経営効率を高めることができる。

　また、専門化は公式化・標準化との関連が強い。公式化とは、命令や指示、手続きなどが文書化される程度のことであり、標準化とは、標準的なルールや手続きによって作業が処理される程度のことである。

② 命令一元化の原則

　各組織構成員は1人の上司から命令を受けなければならないという原則である。この原則により、上下関係の秩序は維持され組織的行動が可能になる。マトリックス組織の場合はこの原則を維持できない。

③ 権限・責任一致の原則

　各組織構成員に与えられる権限は、それと同程度の責任を負わなければならないという原則である。権限とは職務遂行のために公に認められている権利であり、責任とは、職務に対し成果をあげなければならない義務である。「権限＞責任」になると職務に対する無責任状態になり、「権限＜責任」になると職務遂行意欲低下の恐れがある。

④ 統制範囲の原則（スパンオブコントロール）

　1人の上司が管理統制できる部下の数には限界があるという原則である。職務内容、上司の能力、部下の能力などにより管理できる人数は異なる。この限界を超えて部下を持つと管理能力が低下する。

❷ 分業システム

分業システムは機能分業と階層分業の2つに分かれる。

① 機能分業

組織図の横の分業で、営業、生産、管理など職能別に分業された組織形態である。

② 階層分業

組織図の縦の分業で、経営者→部長→課長→担当者など階層別に分業された組織形態である。

【 分業システム 】

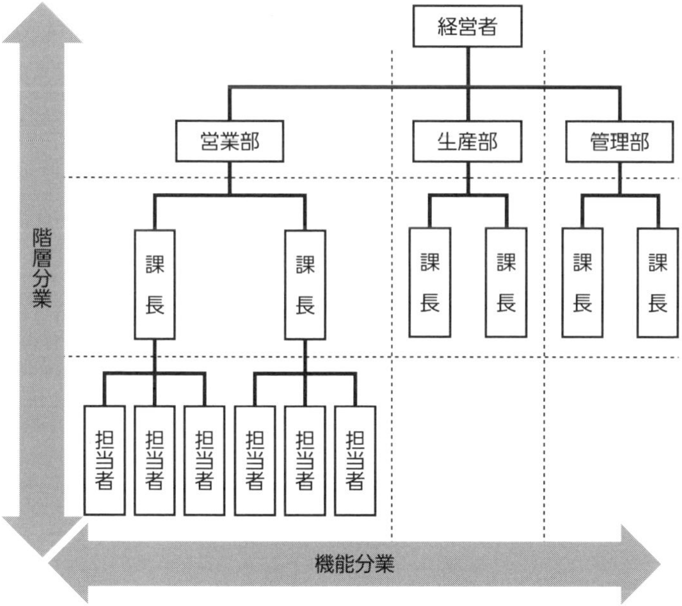

追加 ポイント

組織原則では専門化の原則と命令一元化の原則が問われやすい。理解しておこう。

過去問 平成2年度 第15問 生産技術と組織

論点6 基本的組織形態

> ポイント

ライン組織、ファンクショナル組織、ライン・アンド・スタッフ組織は、
基本的組織形態である。

１ ライン組織

　最も古くからあり、トップから最下位層まで指揮命令が１つのラインで結ば
れる組織形態である。軍隊型組織とも呼ばれる。このライン組織を、職能別に
編成した組織を機能別組織（職能別組織）と呼ぶ。

【 ライン組織の特徴 】

特　徴	厳密な命令一元化の原則
長　所	・各機能の権限と責任が明確になる。 ・トップの意思伝達が統一されるため、組織の秩序が守りやすい。 ・分業により各機能の熟練が形成しやすい。
短　所	・上層に権限命令が集中し、経営者、管理者の負担が大きくなる。 ・組織規模が大きくなるほど階層が多くなり、コミュニケーション効率が悪化する。 ・各機能の専門化が進みすぎ、セクショナリズムに陥る恐れがある。

【 ライン組織の形態 】

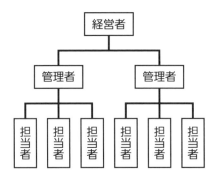

２ ファンクショナル組織

　ライン組織の短所を補い、専門家の知識やスキルを最大限に活かすことを目

的とした組織形態である。職能別組織とも呼ばれる。担当者は2人以上の管理者から指示命令を受ける組織形態（ワンマンツーボス）のため混乱を招きやすい。

【 ファンクショナル組織 】

特　徴	専門化の原則
長　所	・専門家の知識やスキルを活用しやすい。 ・経営者、管理者の負担が少ない。
短　所	・命令一元化の原則に反するため、指示命令に混乱を生じやすい。 ・責任と権限が不明確になりやすい。

【 ファンクショナル組織の形態 】

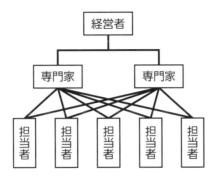

❸ ライン・アンド・スタッフ組織

ライン組織とファンクショナル組織を組み合わせ、専門化の原則と命令一元化の原則の両方の長所を取り入れた組織形態である。企業規模が大きくなり複雑化した場合に有効である。

【 ライン・アンド・スタッフ組織の特徴 】

特　徴	・命令一元化の原則と専門化の原則の複合 ・原則、スタッフ部門はライン部門に対し指示命令権を持たない。
長　所	・ライン部門の負担が軽減される。 ・専門家の知識やスキルを活用しやすい。
短　所	・ライン部門とスタッフ部門の職務範囲が不明確になりやすい。 ・スタッフ部門がライン部門に権限を越えて指示命令をすると組織内の混乱を生む。（権限逸脱行為）

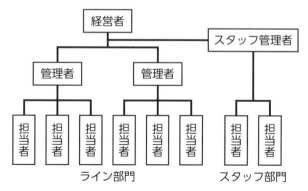

【 ライン・アンド・スタッフ組織の形態 】

① ライン部門

　営業、製造、購買など、直接企業の利益創出に関わる経営の基本的職能部門である。

② スタッフ部門

　総務、経理、人事、研究開発、経営企画など、直接的な企業の利益創出に関わらず、ライン部門をサポートしていく職能部門である。

追加 ポイント

組織形態に関する単純な知識が問われる場合もあるが、経営戦略等も含めた複合的な理解が問われるような場合もある。各組織形態の概要を理解しておき、応用的な出題にも対応できるようにしておきたい。

（p.94からのつづき）

2. 組織論

(1) 組織の考え方
組織目標、階層、分業と調整、権限と責任、横断的関係、その他

(2) 組織構造の形態
事業部制組織、職能部門組織、マトリックス組織、ネットワーク組織、持株会社、機械的管理システム・有機的管理システム、その他

(3) 組織文化
組織文化のレベル、組織文化と経営戦略、組織文化の変革、その他

(4) 組織における個人
意思決定（限定された合理性、認知バイアス、ストレス）、モチベーション（欲求段階論、期待理論、内発的動機付け、目標設定理論）、組織コミットメント、その他

(5) 組織の中の人間関係・集団
リーダーシップ（特性論、行動論、状況論、変革型リーダーシップ）、パワーとコンフリクト（パワーの源泉、政治的行動、コンフリクトマネジメント）、集団（グループシンク、グループシフト、心理的安全性、小集団活動）、その他

(6) 組織間関係
資源依存、正当性、取引コスト、ネットワーク、クラスター・エコシステム、その他

(7) 組織変革と組織成長
変革の段階、組織開発、組織学習、組織のライフサイクル、経営戦略と組織、その他

(8) 人的資源管理
労働関連法規（労働基準法、労働契約法、男女雇用機会均等法、育児・介護休業法、パートタイム・有期雇用労働法、労働安全衛生法、労働組合法、労働施策総合推進法、労働者派遣法、労働保険・社会保険）、雇用管理（採用、配置、人事異動、資格制度）、評価・処遇（人事評価、昇進、賃金体系）、人材育成（能力開発、能力開発の方法、キャリア開発、メンタリング）、労働条件管理（労働時間管理、労働安全管理、労働衛生管理）、戦略的人的資源管理、その他

(9) その他組織論に関する事項

（以下、p.182につづく）

論点7　事業部制組織

ポイント

> 事業部制組織は、企業規模の拡大によって広く採用される組織である。

◤1 事業部制組織

　本社のトップマネジメントの下に、大幅な権限委譲を行った事業部という管理単位を置いた組織形態である。

　事業部は主に、製品別、地域別、顧客別に編成され、事業部単位で管理、統制し、企業全体に対して利益責任を負う。これを利益責任単位（プロフィット・センター）と呼ぶ。

【 事業部制組織の特徴 】

特　徴	・事業部は、主に製品別、地域別、顧客別に編成される。 ・事業部は大幅な権限委譲により独立性を持つ。 ・利益責任単位（プロフィット・センター）。
長　所	・トップマネジメントが戦略的意思決定に専念できる。 ・次世代経営者の育成が可能になる。 ・権限が事業単位に移ることになり意思決定が迅速になる。 ・事業部間の競争意識が、全体の能率アップにつながる。
短　所	・事業部間の競争が激化し、コンフリクトやセクショナリズムに陥りやすい。 ・各事業部が自分たちの短期的利益追求を重視し、長期的戦略行動ができなくなる。 ・優秀な人材は事業部内の人事異動に限定されやすく、人事の硬直化につながる。 ・スタッフ部門が重複しコストがかかる。 ・事業部が独走し、本社のコントロールが効かなくなる恐れがある。

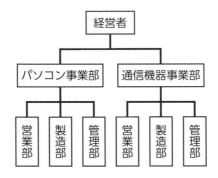

【 事業部制組織の形態 】

2 戦略的事業単位 (SBU)

　特定の事業を戦略的に立案・遂行することを目的とした組織単位である。必ずしも、事業部＝SBUではなく、事業部制を横断的に補完する枠組みである。

① SBU自身が独自の事業ミッションを持つ。

② 独立した競争相手を持つ。

③ 他のSBUと独立して戦略的計画や行動ができる。

④ 計画の範囲内で経営資源のコントロールができる。

追加 ポイント

【論点6：基本的組織形態】と合わせて理解しておきたい。

過去問

令和5年度　第14問　組織形態
令和4年度　第13問　組織形態
令和3年度　第15問　組織の運営・設置
令和2年度　第17問　組織の発展段階モデル

論点8　カンパニー制

ポイント

カンパニー制の特徴は、事業部制組織の独立性をさらに高めた組織形態である。

🔳 カンパニー制

　事業部制組織の独立性をさらに徹底させ、社内に子会社を設立したような組織形態である。社内分社化、擬似会社制とも呼ばれる。

　カンパニー制のトップをプレジデントと呼び、プレジデントはカンパニー内すべての人事権や大きな設備投資の権限を有し、利益に加え設備投資や人材投資などの投下資本について責任を負う。これをインベストメントセンターと呼ぶ。

【 カンパニー制の特徴 】

特　徴	・事業部よりも、さらに大きな権限委譲を行う。 ・バランスシート経営を導入し、経営責任を明確にする。 ・インベストメントセンターである。
長　所	・肥大化した組織を再編し、大企業病を克服する。 ・財務意識を持つ、真の経営者の育成ができる。 ・事業部制よりもさらに意思決定が迅速になる。 ・子会社、持株会社移行へのステップになる。
短　所	・プレジデントは経営者の下に位置するため、経営者の意向を無視した経営はできない。 ・独立性が強すぎ、全社的な戦略や行動が図りにくくなる。 ・経営資源が分散され、資本効率が悪くなる。 ・資金調達実務は本社が持っていることが多く、財務意識を養成するには中途半端である。

【 事業部制とカンパニー制の比較 】

	事業部制	カンパニー制
トップ	事業部長	プレジデント
利益管理	事業部全体の利益管理	事業部だけでなく事業部内各部署も利益管理
利益処分	利益に応じて特別賞与を支給（従業員的処分）	社内配当、本部納入、社内留保が行われるが、赤字が出ても保障はない（経営者的処分）
資金管理	本社集中管理、資本金や支払利息は全社一括処理	カンパニーが利益、資金、社内資本金、社内金利を個別に計上
投資管理	小額投資のみ認める	多額の設備投資まで認める
人事管理	事業部内の下級人事権のみ持つ	カンパニー内のすべての役員、社員の人事権のみ持つ
信賞必罰	表彰、昇進人事に反映	業績が上がればプレジデントの本社社長抜擢があるが、累積赤字になれば社内倒産に追い込まれる。
管理責任	利益責任単位（プロフィットセンター）	投資・運用責任（インベストメントセンター）

出所：『経営管理会計』西澤脩著　中央経済社を修正

追加 ポイント

令和3年度には、組織形態に関する出題における選択肢の1つとしてカンパニー制組織の知識が問われた。出題頻度は高くないが、他の組織形態と合わせて理解しておきたい。

過去問
令和4年度　第22問　人事評価
令和3年度　第15問　組織の運営・設置

論点9　マトリックス組織

ポイント

> マトリックス組織とは、職能別組織と事業部制組織のメリットを同時に狙う組織である。

1 マトリックス組織

職能別組織と事業部制組織のメリットを同時に狙うために、地域、職能、製品、プロジェクトなど管理単位から2つを選び網目構造に設計された組織形態である。外部環境の変化や不確実性が大きくなり、それらに柔軟に対応しなければならない場合に採用される。

効率的な組織形態だが、1人の担当者に2人の上司が存在するワンマンツーボス制になり、指示命令系統が混乱しやすいことから、責任と権限の明確化と管理者間の事前コミュニケーションが必要になる。

【 マトリックス組織の特徴 】

特　徴	・2つの管理単位から設計される網目構造の組織形態。 ・組織のタテ軸とヨコ軸に管理者が存在し、1人の担当者に2人の上司が存在するワンマンツーボス制。
長　所	・市場、製品などの課題に柔軟に対応できる。 ・情報の共有化により、不確実性に対応しやすい情報処理ができる。 ・人的資源の共有化により、効率的な対応ができる。
短　所	・ワンマンツーボス制により、指示命令系統が混乱しやすい。 ・権限と責任の所在が不明確になりやすい。 ・管理者間でのコンフリクトが増大する。

【 マトリックス組織の形態 】

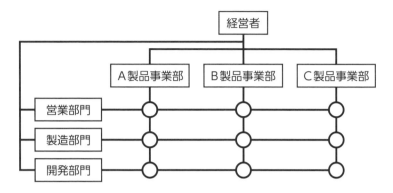

2 グローバル・マトリックス

製品別の管理単位と世界規模の地域別の管理単位で設計されるマトリックス組織である。グローバルに発展した企業の最終形ともいえる組織形態だが、運用上の困難は大きい。

【 グローバル・マトリックス組織の形態 】

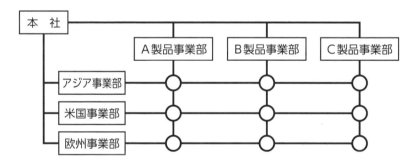

追加 ポイント

令和5年度および令和4年度には、選択肢として出題された。出題頻度は高くないが、他の組織形態と合わせて概要は理解しておきたい。

過去問
令和5年度 第14問 組織形態
令和4年度 第13問 組織形態

プロジェクトチームと社内ベンチャー

ポイント

プロジェクトチームと社内ベンチャーは、本業とは異なった新規事業開発など、特定の課題達成のために編成される。

1 プロジェクトチーム

特定の問題解決や企画立案のために、各部門の専門家を臨時的に集めてチーム編成する組織形態である。タスクフォースと呼ばれることもある。通常は、課題解決後に解散しメンバーは元の部門に戻る。

【 プロジェクトチームの特徴 】

特　徴	・特定課題の達成に限定された編成目的。 ・各部門の専門家を集結させたチーム編成。 ・期間限定の臨時的組織であり、課題達成後に解散される。
長　所	・各部門の専門家が集結することで、高い戦略的行動ができる。 ・優秀な人材の有効活用ができる。 ・本来の業務から切り離すことで、セクショナリズムを排除できる。
短　所	・各部門の優秀な人材を提供すると、提供した部門の業務能率低下の恐れがある。 ・業務能率低下を避けるため、各部門が優秀でない人材をプロジェクトチームに送り出す可能性がある。 ・メンバーが元の部門に復帰した時に、人員配置やコンフリクトなどにより居場所がなくなり、メンバーのモチベーションを低下させることがある。

2 社内ベンチャー

　プロジェクトチームの独立性をさらに高め、新規事業や新製品開発の創造を行うために編成する組織形態である。プロジェクトチームと同様に、課題達成後に解散されるが、メンバーはそのまま新事業に従事したり、分社化して移籍したりすることが多い。

【 社内ベンチャーの特徴 】

特　徴	・主に新規事業、新製品開発が編成目的。 ・各部門の専門家を集結させたチーム編成。 ・課題達成後は、そのまま新事業に従事することが多い。
長　所	・専門家の知識を集結でき、新規事業進出がしやすくなる。 ・チャレンジ精神を持つ人材の育成ができる。 ・優秀な人材の有効活用ができる。 ・独立性が高まることで、セクショナリズムや過去のしがらみを排除できる。
短　所	・優秀な人材を放出した部門の業務効率が低下する恐れがある。 ・新規事業開始は経営陣の承認が必要になるため、大きな時間がかかる。 ・経営陣が介入しすぎると、チャレンジ精神が育成されにくくなる。 ・プロジェクトが頓挫すると、チームごと閑職になる恐れがある。

追加 ポイント

令和元年度には社内ベンチャーが出題された。技術開発と関連した出題も多く、組織形態の重要なトピックなので、しっかり理解しておきたい。

過去問　令和元年度　第10問　社内ベンチャー

2次 論点11 逆ピラミッド型組織

ポイント

逆ピラミッド型組織は、官僚制組織の官僚制の逆機能を打開するために生まれた。

1 逆ピラミッド型組織

訓練された無能、目標の置換、最低許容行動、顧客不在などの官僚制の逆機能が目立ってきた伝統的なピラミッド型の官僚制組織に代わり生まれた組織概念である。この組織概念は、アメリカ軍のソマリアでの作戦失敗から生まれたといわれている。

2 ピラミッド型組織との違い

伝統的な官僚制組織（ピラミッド型組織）は、トップからロワーへの指示命令により組織は行動する。しかし、情報量が増大し複雑化した現代では、正確で最新の情報を持っているのはロワーの現場担当者である。ゆえに現場担当者は、正確で最新の情報をいち早く得るために行動し、トップに素早く情報を伝達し、最適な経営判断をする必要が生まれた。これを実現するのが、逆ピラミッド型組織である。

3 権限委譲（エンパワーメント）

職務遂行の手段を従業員の自主的な判断に任せることである。上司からの指示命令を従業員に与えるのではなく、従業員自身が問題点を発見し、解決できるよう環境を整える。逆ピラミッド型組織の根幹の考え方であり、近年の組織のあり方として注目されている。

4 サーバント・リーダーシップ

アメリカのAT&Tマネジメント研究センター所長であるロバート・グリーンリーフ氏が定義したリーダーシップ概念である。リーダーが組織のメンバーを支援することにより、組織の潜在的な力を発揮させるリーダーシップである。リーダーは組織を下から支え、働きやすい環境を提供する。

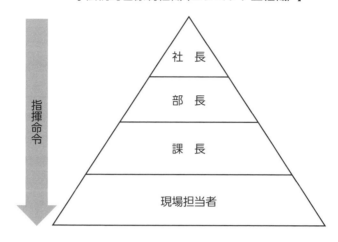

【 伝統的官僚制組織（ピラミッド型組織）】

社　長
部　長
課　長
現場担当者

指揮命令

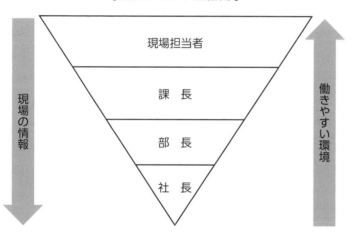

【 逆ピラミッド型組織 】

現場担当者
課　長
部　長
社　長

現場の情報

働きやすい環境

追加 ポイント

近年の出題頻度は少ないが、権限委譲をはじめ重要なトピックであるため、理解しておきたい。

過去問

過去5年間での出題はない。

論点12 欲求段階説

ポイント

マズローの欲求段階説は代表的なモチベーションの理論である。人間の欲求を5段階で体系化した。

1 モチベーション

　人が目標に向かって行動し、それを持続される心理的エネルギーである。一般的に、個人的な目標に対するものをモチベーションと呼び、組織の目標に対するものをモラールと呼ぶ。

2 欲求段階説

　アメリカの心理学者であるマズローは、人間の欲求を5段階で体系化した欲求段階説を提唱した。人間の欲求は、生理的欲求、安全の欲求、社会的欲求、自我の欲求、自己実現の欲求があり、下位の欲求が満たされると1段上位の欲求を求めるとした。

　ただし、欲求の移り変わりは不可逆的であり、上位の欲求が満たされないからといって下位の欲求をより満たそうとすることはない。

3 5段階の欲求

① 生理的欲求

　「お腹が空いた」「寝たい」など、人間が生きていくために最低限必要な欲求である。衣食住に対する欲求で、生存欲求とも呼ばれる。

② 安全の欲求

　「治安の良い所に住みたい」「安定した収入を得たい」など、安心・安全な状態を求め、危険や恐怖を回避したいという欲求である。安全の欲求には、肉体的なものと心理的なものがある。

③ 社会的欲求

　「人と良い関わりを持ちたい」「どこかのグループに所属したい」など、良い人間関係をつくりたいという欲求である。愛と所属の欲求、集団所属欲求とも呼ばれる。

④ 自我の欲求

「他人より上に立ちたい」「名声を得たい」など、他人から認められたいという欲求である。尊厳の欲求、自尊欲求とも呼ばれる。

⑤ 自己実現の欲求

「達成感を得たい」「自分の力を使って社会貢献したい」など、自己の潜在能力を発揮して実現したいという欲求である。自己実現の欲求は完全に満たされることがなく、延々と求め続ける成長欲求である。

【 欲求段階説 】

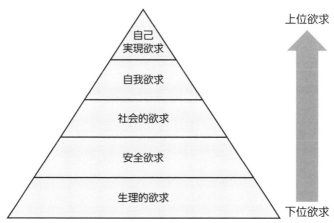

追加 ポイント

平成30年度には、欲求段階説が出題されている。5段階の欲求それぞれの内容を押さえておきたい。

過去問

過去5年間での出題はない。

論点13 X理論・Y理論

ポイント

人間と仕事の関係とそれに基づく管理スタイルを提唱したマグレガーのX理論・Y理論は、マズローの欲求段階説をもとにしたモチベーションの理論である。

1 X理論・Y理論

アメリカの心理学者であるマグレガーは、マズローの欲求段階説を仕事の管理方法に結び付けX理論・Y理論を提唱した。

【X理論】

欲する欲求	生理的欲求、安全の欲求、社会的欲求
人間観	・人間は生まれつき仕事が嫌いで、できることなら仕事はしたくないと思っている。（性悪説） ・人間は強制、命令、処罰の恐れがなければ、企業目標を達成するために十分な力を発揮しない。 ・人間は命令されるほうを好み、責任を回避したがる。
管理スタイル	職務記述書などにより明確に規定された仕事を与え、しっかりと監督する命令と統制の管理が必要。

【Y理論】

欲する欲求	社会的欲求、自我の欲求、自己実現の欲求
人間観	・人間は生まれつき仕事が嫌いではなく、働くのは自然のことである。（性善説） ・人間が献身的に目標達成に向けて働くかどうかは、それを達成して得る報酬次第であり、自ら進んで身を委ねた目標のために努力する。 ・人間は適切な条件の下では責任を引き受け、自ら責任を取ろうとする。
管理スタイル	組織目標と個人目標の調整を行い、自己実現の欲求の充足を図る目標による管理が有効。

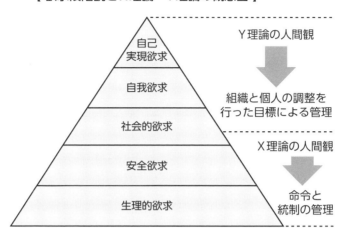

【 欲求段階説とＸ理論・Ｙ理論の概念図 】

（ピラミッド図）
- 自己実現欲求
- 自我欲求
- 社会的欲求
- 安全欲求
- 生理的欲求

Ｙ理論の人間観
↓
組織と個人の調整を
行った目標による管理

Ｘ理論の人間観
↓
命令と
統制の管理

❷ 目標による管理 (MBO：Management by objectives)

目標による管理では、組織や上司の方針に基づき、個々の担当者が主体的に業務目標を設定し、その進捗や実行を自己統制により管理する。

追加 ポイント

Ｘ理論とＹ理論を混同しやすいので、Ｘ理論⇒ペケ (×) ⇒性悪説、Ｙ理論⇒良い (Yoi) ⇒性善説と覚えよう。

過去問　令和4年度　第16問　動機づけ理論

2次 論点14　動機づけ＝衛生要因（二要因理論）

職務の満足、不満足の研究に基づくハーズバーグの動機づけ＝衛生要因も、マズローの欲求階層説をもとにしたモチベーション理論である。

１ 動機づけ＝衛生要因

　アメリカの臨床心理学者であるハーズバーグは、職務満足と職務不満足の実証研究を行い、職務満足と職務不満足の要因は異なるという動機づけ＝衛生要因を提唱した。

① 衛生要因

　満たされないと職務への積極的態度が低下するが、満たされたからといって職務への積極的態度につながらない要因である。

【 衛生要因 】

目　的	不満足の防止	
具体的要因	・会社の方針と経営 ・給与 ・労働条件	・監督方法 ・人間関係 ・作業環境・保障　など
充足される欲求	生理的欲求、安全の欲求、社会的欲求	

② 動機づけ要因

　満たされることにより、職務への積極的態度につながる要因である。

【 動機づけ要因 】

目　的	職務への積極的態度の誘発	
具体的要因	・達成感 ・仕事そのもの ・責任　など	・承認 ・昇進
充足される欲求	自我の欲求、自己実現の欲求	

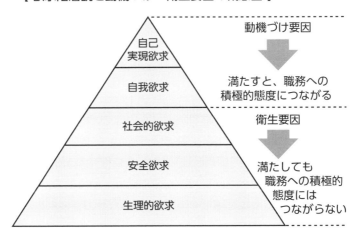

【 欲求階層説と動機づけ＝衛生要因の概念図 】

❷ 職務再設計

　ハーズバーグは、人間のモチベーション向上のために、衛生要因よりも動機付け要因に力を入れるべきとした。その具体的方法として、職務充実を提唱した。（職務充実については、【論点15】を参照）

|追加|ポイント

令和4年度には、選択肢として出題された。他のモチベーション理論と合わせて概要は理解しておきたい。

過
去　令和4年度　第16問　動機づけ理論
問

B 2次 論点15 職務充実と職務拡大

> アージリスの職務拡大とハーズバーグの職務充実は、仕事そのものより満足を高める手法である。

1 未成熟・成熟理論

ハーバード大学の教授であるアージリスは、マズローの欲求階層説にある自己実現の欲求に着目し、人間は自己実現を目指す「自己実現人」であると仮定した。さらに人間は人格が未成熟から成熟していく過程で、7つの人格的な変化があるとした。この理論を支えるのが職務拡大（ジョブエンラージメント）である。

【 未成熟・成熟理論の7つの変化 】

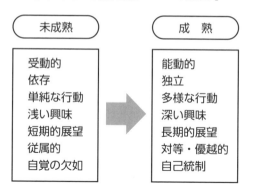

2 職務拡大と職務充実

① 職務拡大（ジョブエンラージメント）

アージリスが提唱した、職務を水平的に拡大させ能力発揮の機会を増やす手法である。具体的には、工場のライン生産で日々ネジ締めだけをしていた作業員に、製品そのものを組み立てることで職務を拡大させる、などが考えられる。キヤノンの屋台式セル生産は、この職務拡大を活用した事例である。

② 職務充実

　ハーズバーグが提唱した、職務を垂直的に拡大させ能力発揮の機会を増やす手法である。昇進などにより管理業務を付加し、マネジメント・プロセスをメンバーに任せ、自己実現の充足を図る。

【 職務充実と職務拡大 】

職務のレベル

職務充実

職務拡大

職務の範囲

追加 ポイント

令和5年度および令和2年度に出題された職務特性モデルとは、職務の特性として技能多様性・タスク完結性・タスク重要性・自律性・フィードバックがある場合に内発的動機付けにつながることを取り上げたものである。令和4年度には、仕事へのモチベーションを高めるための職務再設計の方法が論点として出題された。

過去問

令和5年度　第16問　職務特性モデル
令和4年度　第21問　職務再設計と勤務形態
令和2年度　第20問　職務特性モデル

A 論点16 期待理論

> ブルームが提唱し、のちにポーター＆ローラーに引き継がれたのは、動機づけと期待の関係を示した期待理論である。

1 ブルームの期待理論

　ブルームは、人の動機づけは期待と誘意性の積で決まるとした期待理論を提唱した。

① 期待

　期待とは、職務遂行の努力に対して得られる成果や報酬の見込みである。あまりに高すぎる成果目標を設定されると、達成が期待できないと感じてモチベーションは上がらない。

② 誘意性

　誘意性とは、得られる成果や報酬の魅力の度合いのことである。目標達成することで得られるモノの魅力（たとえば、お金）で、魅力の度合いが変わる。得られるモノへの魅力が高いとモチベーションは上がる。

【 ブルームの期待理論 】

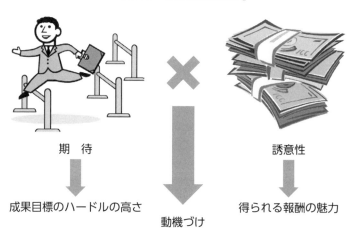

期　待

成果目標のハードルの高さ

動機づけ

誘意性

得られる報酬の魅力

ポーター＆ローラーは、ブルームの影響を受けポーター＆ローラー・モデルの期待理論を提唱した。ポーター＆ローラー・モデルでは人の努力（動機づけ）は期待（期待理論の期待とほぼ同じ）と主観的価値（期待理論の誘意性とほぼ同じ）の積で決まるとした。

さらに努力に資質（個人の能力や才能）と役割認知（与えられた役割や目標）が加わり、成果に結びつき、外的報酬（賃金や福利厚生向上など物理的報酬）や内的報酬（達成感や尊敬など精神的報酬）が得られるとした。

【 ポーター＆ローラーの期待理論 】

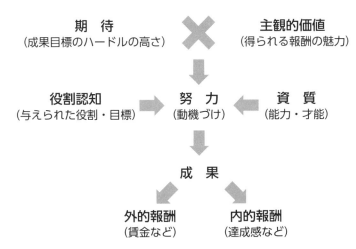

追加 ポイント

令和5年度および令和元年度に出題された目標設定理論とは、難しい目標が設定され、従業員がその目標に納得している場合に、最も大きく動機づけられることを示す理論である。令和4年度は選択肢の1つとして出題されたが、令和2年度には期待理論そのものが出題されているため、考え方を理解しておきたい。

論点17 リーダーシップ類型論

ポイント

アーウィックの特性理論とレビンのリーダーシップ類型論は、リーダーシップ理論の基本になる考え方である。

1 リーダーシップの定義

　SL理論を提唱したハーシー＆ブランチャードは、「リーダーシップとは、与えられた状況の中で、管理者や監督者が目標を達成するために、個人あるいは集団に影響を及ぼす過程である」と定義した。

　またリーダーシップにはパワーが必要であり、そのパワーには、合法力、報償力、強制力、専門力、同一力の5つがあるとされた。

【 リーダーシップの考え方 】

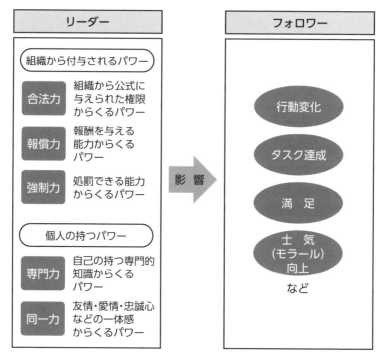

出所：『経営管理』野中郁次郎著　日本経済新聞社

2 特性理論

アーウィックは、リーダーシップは、勇気、行動力、柔軟性、知識、肉体的特長、功績など個人の資質で決まるとした特性理論（資質論）を提唱した。しかし、個人の資質を科学的に解明するのは難しく、結論を導くことはできなかった。

3 リーダーシップ類型論

レビンは、リーダーシップを専制型、放任型、民主型の3つのタイプに分類したリーダーシップ類型論を提唱した。その研究の結果、民主型リーダーシップが一番優れているとした。

【 リーダーシップ類型論 】

専制型（独善型）リーダーシップ	リーダーが独善的にすべてを決めるリーダーシップである。メンバーの相互的対立や攻撃性が高まり、リーダーへの依存度や潜在的不満も高まる。
放任型リーダーシップ	メンバーに対し自由放任をとるリーダーシップである。メンバーは自分自身で訓練し、モチベーションを高め行動するが、作業の質・量ともに低下する。
民主型リーダーシップ	リーダーの援助で、集団決定するリーダーシップである。メンバーの満足度、士気、団結力が高まり、最も優れた作業結果をもたらす。

追加 ポイント

平成30年度には、リーダーの持つパワーについて出題された。それと合わせて、レビンのリーダーシップ類型論については、理解しておきたい。

過去5年間での出題はない。

論点18 システムⅣ理論

> リカートのシステムⅣ理論は、ミシガン大学の企業の監督者2万人、労働者20万人のデータに基づいて研究されたリーダーシップ論である。

◢1 システムⅣ理論

　リカートは生産性の高い組織と低い組織の組織特性の関連に基づき、リーダーシップを4つに分類したシステムⅣ理論を提唱した。システムⅣ理論では生産性の低い順から番号を振り、システムⅣが最も優れているとした。

【システムⅣ理論】

システムⅠ 独善的専制型	リーダーは部下を信頼せず、意思決定に参加させず、統制機能はトップに集約される。部下は恐怖、懲罰により働かされ、双方向のコミュニケーションは稀である。
システムⅡ 温情的専制型	リーダーは部下をある程度信頼するが、恩着せがましい手段をとる。報酬と懲罰により部下の動機づけを行い、部下はリーダーに警戒心を持つ。
システムⅢ 相談型	リーダーは部下をかなり信頼し、個別問題は部下に権限委譲されている。報酬とある程度の参画により部下の動機づけを行い、双方向のコミュニケーションがある。
システムⅣ 集団参加型	リーダーは部下を全面的に信頼し、組織全体で意思決定を行う。全面的な参画により部下の動機づけを行い、上下に加え同僚間のコミュニケーションもある。

◢2 システムⅣの3原則

　リカートは、システムⅣの実現には、支持的関係、集団的意思決定、高い業績目標の3つの原則が存在するとした。

① 支持的関係の原理

　リーダーと部下が良好な関係を作り、部下から支持されているという実感を持たせるようなリーダーシップをとる。

② 集団的意思決定の原理

　リーダー1人ではなく、部下も意思決定に参画させ組織全体で行う。

③ 高い業績目標の原則

　人の自己実現欲求を満足させる高い業績目標を掲げ、生産性を高める。

❸ 連結ピン

　システムⅣ理論では、組織は多数の構成単位の小さい小集団の重層的集団組織としている。小集団のリーダーは上位集団の構成員となり、上位集団と下位集団のコミュニケーションに重要な役割をするとした。この上位集団と下位集団をつなぐ小集団のリーダーを連結ピンと呼ぶ。

【 伝統的組織と連結ピン組織 】

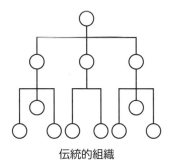

伝統的組織

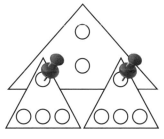

連結ピン組織

追加 ポイント

ここ最近の出題はないが、過去に選択肢としての出題があり、支持的関係の原理など細かい論点の出題がなされたことがある。細かいキーワードにも注意しておこう。

過去問　過去5年間での出題はない。

論点19 リーダーシップ二元論

ポイント

> マネジリアル・グリッド理論とPM理論は、人への関心と業績への関心の
> 2軸により成り立つリーダーシップ二元論である。

■ マネジリアル・グリッド理論

　ブレーク＆ムートンは、リーダーシップを「業績への関心」と「人間への関心」
の2軸でマトリックスにしたマネジリアル・グリッド理論を提唱した。マネジ
リアル・グリッド理論では、業績と人間の両方の関心が高い9・9型リーダー
を理想とした。

【 マネジリアル・グリッド理論 】

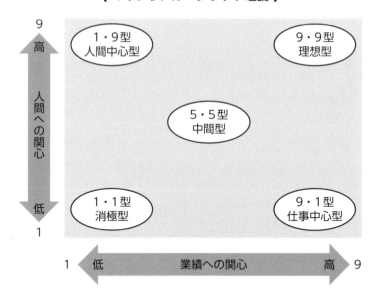

■ PM理論

　日本の三隅二不二は、リーダーシップを業績達成機能と集団維持機能の2軸
でマトリックスにしたPM理論を提唱した。PM理論でもマネジリアル・グリッ
ド理論同様、業績達成機能と集団維持機能の両方が高いPM型が、最も優れた
リーダーとしている。

① 業績達成機能 (P機能)

　P機能とも呼ばれ、集団の生産性を高める機能である。この機能が高いリーダーは、綿密な計画を立て、ルールや手続きを厳守し、部下に対して厳しく接する特性を持つ。

② 集団維持機能 (M機能)

　M機能とも呼ばれ、集団のチームワークを強化する機能である。この機能が高いリーダーは、メンバーとの信頼関係を重視し、集団内の人間関係を良好にし、部下に対して支援的行動をとる特性を持つ。

【 PM理論 】

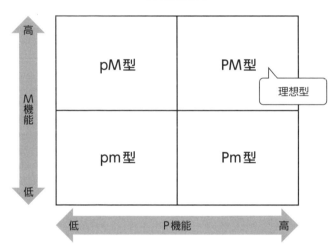

追加 ポイント

出題頻度は高くないが、比較的わかりやすい理論なので内容を理解するとともに、図のイメージをわかせられるようにしておきたい。

過去問　過去5年間での出題はない。

B 論点20 リーダーシップ状況適合論

ポイント

フィードラーのリーダーシップ状況適合論は、高い業績を上げる不変的な
リーダーシップはなく、状況によりそのあり方は異なるとした。

■ リーダーシップ状況適合論

　フィードラーは、リーダーの特性、リーダーと部下との関係、仕事の明確度
などの環境状況要因を適合させることが好業績を上げる条件とした、リーダー
シップ状況適合論を提唱した。

② 3つの環境状況要因

① リーダーとメンバーの人間関係

　部下がリーダーを信頼している度合いである。

② 業務内容の明確さ

　仕事の目標が明確で、仕事のルールや流れなどの仕組みが出来上がっている
度合いである。

③ 権限の強さ

　評価、昇進、解雇、配置転換など、職務権限の影響力の度合いである。

　上記の3つの環境状況要因がリーダーにとって有利または不利な場合は、仕
事を重視するタスク志向リーダーシップが高い業績をもたらし、有利でも不利
でもない中間的な場合は、良好なチームワークを重視する人間関係志向リーダー
シップが高い業績をもたらすとした。

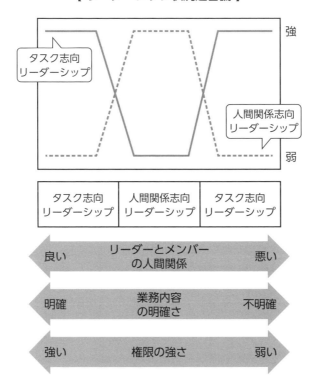

【 リーダーシップ状況適合論 】

強

タスク志向
リーダーシップ

人間関係志向
リーダーシップ

弱

タスク志向 リーダーシップ	人間関係志向 リーダーシップ	タスク志向 リーダーシップ

良い　リーダーとメンバー
の人間関係　悪い

明確　業務内容
の明確さ　不明確

強い　権限の強さ　弱い

追加 ポイント

ここにあげた論点のほかに比較的新しい論点として「リーダー・メンバー交換理論 (LMX理論)」があり、令和元年度にも選択肢の1つとして出題されている。リーダーとメンバーの関係性に着目した理論であり、彼らをさまざまな取引関係から成り立つと考え、リーダーとメンバーが望ましい関係性を発展させていくことで、リーダーシップが発揮されるというものである。ぜひとも覚えておきたい。

論点21　SL理論

ポイント

ハーシー＆ブランチャードのSL理論では、リーダーシップとは、部下の成熟度に合わせて変えていくべきとしている。

◼ SL理論

　ハーシー＆ブランチャードは、部下の成熟度に応じてリーダーシップスタイルを変えるSL理論を提唱した。マネジリアル・グリッド理論やPM理論と同様に、人間関係志向とタスク志向の2軸のマトリックスとしているが、人間関係志向とタスク志向の両方が高い説得的リーダーシップが必ずしも理想型ではないことが特徴である。

◼ 4つのリーダーシップスタイル

① 部下の成熟度が低い

　リーダーの考えや戦略を優先し、1から10まで指示命令をする、指示的リーダーシップが有効である。

② 部下の成熟度がやや低い

　部下の考えを聞きつつも、リーダーが判断して組織を引っ張る、説得的リーダーシップが有効である。

③ 部下の成熟度がやや高い

　指示命令は最小限にして、モチベーションアップに徹し部下のやる気を引き出す、参加的リーダーシップが有効である。

④ 部下の成熟度が高い

　部下を信頼して権限委譲しリーダーは陰から見守る、委任的リーダーシップが有効である。

【 SL理論 】

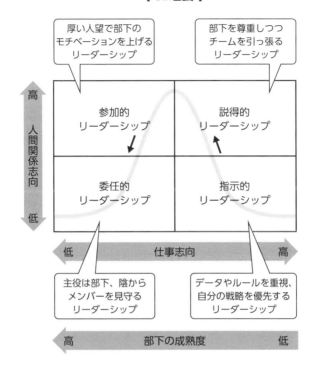

追加 ポイント

令和3年度および令和元年度には選択肢の1つとして出題されている。【論点24：組織変革】にもつながるリーダーシップの知識なので、しっかりと理解しておきたい。

過去問
令和3年度　第16問　リーダーシップ理論
令和元年度　第17問　リーダーシップ論

論点22 パス−ゴール理論

ポイント

ハウスのパス−ゴール理論は、メンバーが組織や個人の目標を達成するための道筋を作ることがリーダーシップであるとする理論である。

1 パス−ゴール理論

　ハウスは、メンバーが目標（ゴール）を達成するための経路（パス）を示すリーダーシップが必要とするパス−ゴール理論を提唱した。パス−ゴール理論では、リーダーは部下の認知する報酬を大きくさせ、その報酬に至る経路を明確にして障害物をなくし、その途上で個人の満足の機会を増加させ、これらの報酬に容易に導かねばならないとしている。

2 リーダーシップスタイル

　指示型、支援型、参加型、達成志向型の4つのリーダーシップスタイルがあり状況により使い分け、これに仕事環境の特性と部下の能力という条件が加わることで結果が表れると考えた。環境条件に適合したリーダーシップスタイルを実行できているかを確認するには、以下の3点ができているかで判定する。

　① 目標を明確に示し、共有できているか。

　② 目標実現のための必要充分で具体的な戦略を共有できているか。

　③ 目標を実現する意義や、その成果がもたらす魅力を共有できているか。

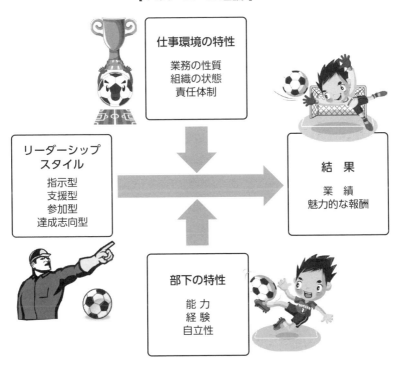

【 パス-ゴール理論 】

仕事環境の特性

業務の性質
組織の状態
責任体制

リーダーシップ
スタイル

指示型
支援型
参加型
達成志向型

結　果

業　績
魅力的な報酬

部下の特性

能　力
経　験
自立性

追加 ポイント

令和5年度は数年ぶりに本論点が出題された。頻出論点ではないが、他のリーダーシップ論と合わせて概要は押さえておきたい。

論点23 組織文化

ポイント

> 組織文化は、企業の構成員の思考に大きな影響を及ぼす。また、組織学習は、成長していく組織には必要である。

1 組織文化

企業の構成員が共有する、価値観、思考、習慣、行動規範のことである。企業の公式ルールと違い、目に見えない抽象的なものであり、すべての構成員はその影響を受ける。企業風土とほぼ同意語である。

【 組織文化のメリット・デメリット 】

メリット	・組織の一体感や帰属意識が向上する。 ・構成員の思考が近くなり、意思決定が迅速化する。 ・企業イメージをPRできる。
デメリット	・同調圧力により思考の幅を奪い、環境変化に対応できなくなる恐れがある。 ・他の価値観を受け入れず、自己保身が強くなる。 ・組織文化の不整合がM&Aの障害になりやすい。 ・過去の事業戦略の成功が、戦略の幅を狭め、外部環境の変化に対応しにくくなる。

2 組織学習

組織やその構成員が、新しい知識や仕組みを構築する活動、またはプロセスである。組織学習には、低次学習と高次学習の2つがあり、これらを交互に繰り返しながら、組織は発展していく。

① 低次学習

既存のルールや仕組みどおりに物事を進め、行動の効率化や部分修正を行う学習である。シングルループ学習ともいう。

② 高次学習

環境変化に合わなくなった既存のルールや枠組みそのものを、ドラスティックに変革する学習である。ダブルループ学習ともいう。

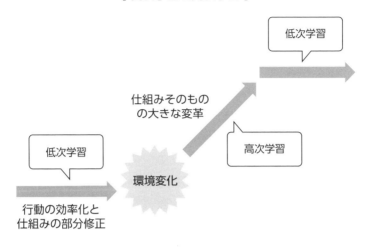

【 低次学習と高次学習 】

❸ 高次学習の促進

　イノベーションを起こすのには、高次学習は不可欠である。高次学習を促進する方法として以下がある。

- 大きな変革を起こすための権限委譲
- 成果を意識した評価体系の整備
- 成功・失敗結果の共有化
- さまざまな視点を活用できる横断的な組織体系

追加 ポイント

令和5年度および令和元年度は組織学習、令和2年度は組織文化について出題された。過去には、組織学習とイノベーションを合わせた出題もある。毎年のように出題されているため、組織文化・組織学習ともに理解しておこう。

過去問

令和5年度　第20問　組織学習
令和4年度　第7問　ファミリービジネス
令和2年度　第10問　ファミリービジネス
令和元年度　第14問　組織学習
令和元年度　第20問 (設問1)　組織メンバーの行動モデル

論点24　組織変革

ポイント

組織変革の段階は、発生する問題を解決しつつ、段階を踏んで実施していく。

1 導入段階

組織の構成員が組織変革や経営改革の必要性を感じていない「ゆでガエル症候群」の状況である。これを打開するためには、トップマネジメント主導のビジョンの提示、強いリーダーシップ、プロジェクトチームなどの体制づくり、従業員への情報開示、フェイストゥフェイスのコミュニケーションが必要になる。

2 混乱段階

組織変革の移行過程で「抵抗」「混乱」「対立」という問題に直面する。混乱期は組織変革の必要過程であり、ここを乗り越えることで強固な組織づくりができる。

【 混乱段階での問題 】

抵　抗	変化に対する不安に起因する。対策として、改革過程でのメンバーの参画、現状の問題点の周知、変革達成時のインセンティブの明示、理解のための時間と機会の提供などがある。
混　乱	組織内の既存秩序の破壊に起因する。対策として、あるべき組織像の提示、垂直的なコミュニケーションの充実、部門横断型のコミュニケーション体制、問題発生時の迅速な対応などがある。
対　立	組織内の既存利害関係に起因する。対策として、外部環境の脅威への共有化、部門横断型のコミュニケーション体制、中心的集団からの協力確保、外部ファシリテーターの導入などがある。

3 実行段階

組織内の組織変革への意識が高まったら、運営を組織の構成員が主体のプロジェクトチームに権限委譲する。トップマネジメントは、プロジェクトチームを全面的にサポートし、職務を完遂できるよう支援する。

4 定着段階

新体制がスタートするとプロジェクトチームは解散し、各部門のリーダー的

職種に就任し、組織変革の定着化を図る。さらにPDCAのマネジメント・サイクルにより、組織変革をさらに良いものに進化させていく。

【 組織変革 】

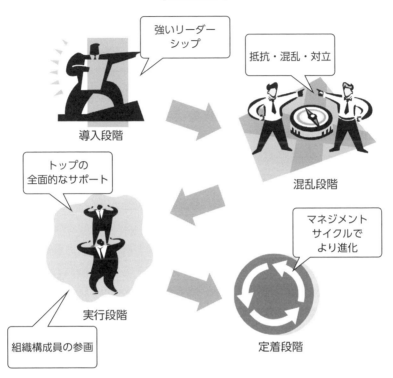

追加 ポイント

令和5年度には組織変革のコンフリクト、令和3年度には組織変革のプロセスについて出題された。応用的な出題であっても、本論点に記載している組織変革の流れとそれぞれの段階の特徴についての理解が重要である。2次試験の事例Iでも重要な内容である。

論点25 日本型人的資源管理

ポイント

日本の人的資源管理の特性である、終身雇用制、年功序列型賃金体系、企業別労働組合は、日本的経営の三種の神器といわれていた。

1 人的資源管理

現在から将来にかけて必要になる人材の質と量を予測し、その条件を満たす人材の採用・確保・育成をする諸活動である。大きく評価、雇用管理、報酬、能力開発の4つの機能から成り立つ。

2 日本的雇用慣行

終身雇用制、年功序列型賃金体系、企業別労働組合が日本的経営の三種の神器といわれ、戦後の高度成長の源泉となったが、90年代のバブル崩壊以降、その雇用慣行は崩れている。

① 終身雇用制

雇用した従業員を原則定年退職まで雇用を保障する慣行である。従業員の生活安定や雇用安定による景気安定により、日本経済躍進の原動力となった。

② 年功序列型賃金体系

学歴、年齢、勤続年数の長期化とともに、職位や賃金が上昇していく制度である。年齢や経験とともに職務能力や管理能力は成長することを前提としているが、IT化や社会変化の激しさにより、必ずしもその前提が正しいとはいえなくなってきている。

③ 企業別労働組合

企業ごとに組織された労働組合である。御用組合と揶揄されることもあるが、労使協調体制の基盤となり、企業発展の足がかりとなった。

【 日本的雇用慣行のメリットとデメリット 】

メリット	・企業に対する忠誠心、愛着心が向上する。 ・従業員の生活が安定し、職務に集中しやすい環境ができる。 ・長期的な人材育成が可能になる。 ・雇用の安定により、経済全体も安定する。
デメリット	・産業構造の変化への対応が困難になる。 ・従業員の高齢化に伴い、人件費が増大する。 ・優秀な若手人材のモラールダウンの恐れがある。 ・会社中心主義による思考の硬直化や長時間労働を招く。 ・労働市場が硬直化し、転職や即戦力調達が困難になる。

❸ 社会環境の変化

近年は以下のような社会環境の変化により、日本的雇用慣行は見直され、人事制度や法律もこれらに合わせて変化、整備されている。

① 経済のグローバル化、国際競争の激化

② 情報化、IT化の進展

③ 少子高齢化

④ 女性の社会進出

⑤ 若者の就業意識の変化（フリーターの存在など）

⑥ 日本経済の不確実性の増大

追加 ポイント

近年は出題されておらず、出題頻度は高くないが、日本的雇用慣行のメリットとデメリットについては理解しておきたい。

過去5年間での出題はない。

論点26 職能資格制度

ポイント

職能資格制度は、年功序列型から能力主義に移行される形で採用されていった。

1 職能資格制度

職務の難易度、責任度などをベースにした職能資格区分を設定し、これに基づいて人事処遇を行う制度である。年功序列型人事から能力主義人事への移行の役割を持ち、能力評価に加え人材育成方針の基準としての機能を持つ。

【 職能資格制度のメリットとデメリット 】

メリット	・原則、年功的な昇進がなくなり能力主義の基本になる。 ・賃金の変動なく配置転換ができ、ジョブローテーションなど柔軟な組織体制が確保できる。 ・人事基準の明確性と客観性を確保できる。 ・必要職能が明確になり、人材育成の基準になる。
デメリット	・必要職能が曖昧になりやすく、結果、年功的な昇進になる。 ・従業員個人の価値観やキャリア志向に対応しにくい。 ・昇格者増加によるポスト不足の可能性がある。 ・外部からの人材獲得に適応できない。

2 職能等級制度

職務の難易度、責任度などに応じてクラス（等級）分けを行い、これに基づいて人事処遇を行う制度である。クラスに応じ1等級、2等級という等級名称や主事、参事といった資格名称が付けられる。

3 職務分析

個々の職務の内容、責任、権限、範囲、難易度などを洗い出し、職務遂行に必要な知識や技術などの職能を明らかにする調査である。この結果で得た情報が職能資格制度のベースとなる。

【 職能資格制度 】

職能資格			職能資格の等級定義	対応役職位
層	等級	呼　称		
管理専門職能	M3	参　与	管理統率・高度専門業務	部　長
管理専門職能	M2	副参与	上級管理・高度企画および 上級専門業務	副部長
管理専門職能	M1	参　事	管理指導・企画業務および専門業務	課　長
指導監督職能	S3	副参事	上級指導監督・高度判断業務	課長補佐
指導監督職能	S2	主　事	指導監督・判断業務	係　長
指導監督職能	S1	副主事	初級指導監督・判定業務	主　任
一般職能	G3	社員一級	複雑定型および熟練業務	
一般職能	G2	社員二級	一般定型業務	
一般職能	G1	社員三級	単純定型業務	

出所：『人事・労務用語辞典』花見忠／日本労働研究機構編　日本経済新聞社

４ コンピテンシーモデル

　1970年代にハーバード大学のマクレランド教授により考案された概念で、高い業績を生み出す個人の行動特性のこと。この行動特性を評価や能力開発に転用し、評価の納得性向上や個人ノウハウ共有などに活用する。成果主義と組み合わせて実施されることも多い。

追加 ポイント

令和2年度はコンピテンシーモデル、令和元年度は職能資格制度について出題された。近年出題が増えているため、余力があればメリット・デメリットまで押さえておきたい。

過去問
令和2年度　第22問　コンピテンシー
令和元年度　第21問　職能資格制度

論点27　成果主義

ポイント

成果主義は、バブル崩壊以降に能力主義に変わってクローズアップされてきた。

1 成果主義

賃金や昇進などを、仕事の成果に基づいて決定する考え方である。職務管理制度に代表される能力主義が、可能性としての能力や潜在的な能力を加味するのに対し、成果主義は具体的な結果を重視する。

バブル崩壊以降、コスト削減を迫られた企業より導入されたが、課題も多く、労働経済白書でも「必ずしも成功したとは言えない」としている。

【 成果主義のメリットとデメリット 】

メリット	・チャレンジ精神を醸成し、労働意欲が向上する。 ・人件費の変動費化が可能になる。
デメリット	・個人主義が蔓延し、組織行動が困難になる。 ・公正な評価基準の設定が難しい。 ・成果目標以外の職務が軽視される。 ・長期的な人材育成の障害になる。 ・失敗が報酬の低下につながるため、容易に達成しやすい目標設定をする傾向がある。

【 成果主義の課題 】

評価基準の明確化	従業員にとって納得感のある評価基準を設定し公開する。公平性に欠けた評価基準を設定したり、評価基準そのものを非公開にすると、従業員の評価に対する不信感が強まり労働意欲が低下する。
評価結果のフィードバック	従業員に対し、納得感のある評価結果のフィードバックを実施し、労働意欲の維持と自己啓発の意欲を高める。
管理者の評価力向上	適正な評価やフィードバックを行うために考課者訓練を実施し、管理者の評価力を向上する。
職業能力形成の支援	成果をあげやすくするために、研修などの職業能力アップの機会を整備する。

組織・チームの 成果の導入	組織・チームの成果を評価対象に組み入れることで、個人主義を抑制し組織行動を促す。

【業績評価制度の課題や生じている問題（企業規模別）】

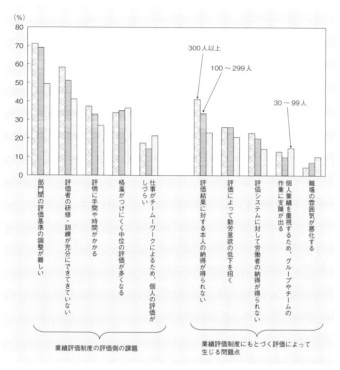

出所：『平成21年版労働経済白書』

追加 ポイント

平成30年度には、業績インセンティブ制度の影響について出題されている。また、2次試験事例Ⅰで出題されることが多いため、メリットとデメリット・課題についてはしっかりと理解しておこう。

過去問

過去5年間の出題はない。

論点28 人事考課

ポイント

人事考課とは、評価基準に基づいて上司が部下を適正に評価することである。

1 人事考課

従業員の勤務態度、職務遂行能力、業績などを一定の基準に基づいて評価することである。人事考課の体系は大きく、業績考課（業績、業務の質・量など）、情意考課（勤務態度、責任感など）、能力考課（企画力、業務知識など）に分かれる。人事考課で得られた情報は、昇格・昇進、配置・異動、能力開発などさまざまな機会で活用される。

2 相対評価と絶対評価

① 相対評価

評価する集団の中で比較して、優劣を決定する評価方法である。評価方法が簡単だが、同じ業績の従業員が所属集団により評価が異なる問題が発生する。

② 絶対評価

絶対的な評価基準を設定し、その基準に基づいて評価する方法である。人事考課としては絶対評価が望ましいが、納得感のある評価基準の設定が難しい。

3 加点主義と減点主義

人事考課の際、被考課者のプラス面に着目して評価することを加点主義、被考課者のマイナス面に着目して評価することを減点主義という。一般的に加点主義のほうが良いといわれるが、人は悪いことのほうが目につきやすいため、無意識のうちに減点主義になることが多い。減点主義が主流になると、従業員は失敗を恐れるため、保守的な組織文化が形成されやすい。

４ 評定誤差（心理的偏向）

評価を実際に行うときには、次に示すような評定誤差を起こしやすい。

【 評価を行う際に起こりやすい評定誤差（心理的偏向）】

ハロー効果	被考課者のある項目が優れていたり、劣っていたりすると、それがハロー（後光）となり、他の項目まで同様の評価をしてしまうことである。
寛大化傾向	考課者の評価に対する自信のなさや部下への思い入れなどから、評価自体を甘くしがちになる傾向である。
中心化傾向	考課者としての自覚の欠如、評価に対する自信のなさから、可もなく不可もない無難な評価をしてしまう傾向である。
論理誤差	類似性のある考課項目を「これができているなら、これもできるはず」として、同じ評価をすることである。
対比誤差	ITが苦手な考課者が、ITが得意な被考課者を高く評価するなど、自分と反対の特性を持つ被考課者を過大、過小評価してしまうことである。
接近誤差	評価シートの評価項目がカテゴリー別になっていることから、隣り合った評価項目に同じ評価をすることである。

５ 多面的な評価（360度評価）

360度評価とは、上司や部下・同僚や仕事上で関連する他部署の人など各方面の人が参画し、評価対象者を多面的に評価する手法である。360度評価のメリットとしては、複数の評価者が評価に入ることで客観・公平性を実現することである。しかし、デメリットとして、同僚同士で評価をする際に口裏合わせなどが行われるリスクや、評価者としての教育を受けていないものが評価した場合に適切な評価とならないケースの発生が考えられる。したがって、この評価を直接報酬などに結びつけるのではなく、最終的な評価の参考程度にとどめる場合が多い。

追加 ポイント

令和４年度には評価基準と評価者について、令和２年度には心理的偏向について出題された。出題頻度は高くはないが、理解しやすい内容であるため、余力があれば押さえておきたい。

過去問　令和４年度　第22問　人事評価
令和２年度　第23問　人事考課の心理的偏向

論点29 雇用管理

ポイント

> 雇用管理には、人材を調達するための要員計画と採用管理、調達後の適材適所を実現する配置・異動管理がある。

１ 要員計画

　事業を運営するために、どのくらいの人材を確保する必要があるかを事前に算定し、採用数などを設定する計画である。経営計画と連動して策定されることが多く、要員計画の算出にはミクロ的アプローチ（積み上げ式）とマクロ的アプローチ（総枠式）がある。

【 要員計画の算出方法 】

ミクロ的アプローチ （積み上げ式）	現場の要請に基づいて、要員を積み上げる方式である。人員が多くなり、人件費負担が大きくなるリスクがある。
マクロ的アプローチ （総枠式）	目標売上高や付加価値額から逆算して人員を算出する方式である。コスト面を重視し人員を少なくしすぎると、現場の不満が高まりモラールダウンの恐れがある。

　ミクロ的アプローチとマクロ的アプローチはどちらが良いということはなく、両方式を組み合わせて使う。景気動向などにより手順を変えることが望ましい。

【 景気動向による要員計画 】

好況時	ミクロ的アプローチで必要人員を積み上げ、マクロ的アプローチで財務的に問題がないか、その調整を行う。
不況時	マクロ的アプローチで総枠を算出し、ミクロ的アプローチで現場の要望を聞きながら人員を割り振る。

２ 採用管理

　要員計画に基づいて、人員の補充をする。日本では終身雇用を前提とした新卒採用が一般的だったが、最近は採用方法の多様化が進んでいる。

【 採用の方法 】

一括採用	春季に主に大学生卒業者を採用する方式である。入社後、教育訓練や人事異動によりゼネラリストを養成する。

職種別採用	採用区分を職種別に分け、配属する職種を先に決定する採用方式である。雇用のミスマッチを防止する。
インターンシップ制度	学生が一定期間、企業で研修生として働き就業体験を行う制度である。
通年採用（中途採用）	時期を決めず、欠員時に随時募集する方式。インターネットの普及や経済の不確実性により増加傾向にある。人材育成の余裕がない中小企業では主流である。

❸ 配置・異動管理

配置転換や異動は、組織の硬直化の防止、新規事業や事業再構築への対応、従業員の能力開発などを目的に、従業員の職位や職場を変更する制度である。

【 配置転換と異動 】

垂直的異動	現在の職位より上位の役職や等級に異動する昇進・昇格である。下位の役職や等級に異動する降職・降格がある。
水平的異動	同じ職種で勤務地が変わる勤務地転換、これまでの職種と異なる職種に異動する職種転換がある。
出　向	元の企業と雇用関係を維持しつつ他の企業に異動する在籍出向と、移動先企業と新たな雇用契約を結ぶ転籍出向がある。
社内公募制度	新業事業などで社内公募を行い、人員を集める制度である。

❹ 複線型人事制度

複数のキャリアコースを設定し、従業員に選択させる制度である。管理職レベルに昇格する時点で、総合職と専門職に分かれることが多い。

追加 ポイント

近年は出題されておらず、出題頻度は高くないが、それぞれの用語の内容については理解しておきたい。

過去問 過去5年間での出題はない。

2次 論点30　能力開発・人材育成

能力開発や人材育成には、従業員の能力向上を知識面から図る教育訓練、経験面から図る異動施策などがある。

1 教育訓練

教育訓練は従業員の能力向上のために実施され、下表にまとめたようにOJT・OFF－JT・自己啓発の3つの方法がある。

【 OJT 】

内　容	上司などの指導の下、日常業務を通じて行う教育訓練である。
長　所	・コストが安く済む。 ・従業員の個性や能力に合わせた教育ができる。 ・業務に直結した技能が習得できる。
短　所	・指導者の経験や能力、時間に左右されやすい。 ・体系的な知識・技能の習得が困難である。 ・短期的な志向に陥りやすい。

【 OFF－JT 】

内　容	外部の講習会など、日常業務から離れて行う教育訓練である。
長　所	・社内にない高度な専門知識が体系的に習得できる。 ・多数の者に均一に教育でき効率的である。 ・社内コミュニケーションの向上につながる。
短　所	・研修コストがかかる。 ・教育内容が業務に応用できない場合がある。 ・現場を離れるため、研修期間中、業務効率低下の恐れがある。

【 自己啓発 】

内　容	従業員が自主的に行う能力開発を支援するものである。
長　所	・長期的視点で能力開発が可能になる。 ・従業員のモチベーション、モラール向上につながる。
短　所	・自己責任で行われるので継続が難しい。 ・業務との関係が薄くなりやすく、周囲の納得が必要。

2 異動施策

異動施策は、能力開発・人材育成の視点で、多様な経験を積ませることを目的に実施されることが多い。

① ジョブローテーション

定期的に従業員の職務や職場を変える制度である。複数の職務を経験させることで、長期的なゼネラリストの育成、従業員の適性発見、マンネリズム打破、セクショナリズム抑制を図る。

② キャリア開発制度 (CDP)

複数のキャリアパスを設定し、能力開発を長期的視点で計画的に実施する制度である。ジョブローテーションと教育訓練を組み合わせ、能力の向上を図る。

3 目標管理制度 (MBO)

従業員別にその年度の目標を自ら設定させ、年度末に達成度の評価を行う人事制度である。目標管理制度には、上司と部下が年度目標、評価結果、将来のキャリアなどについて話し合う面接制度が併用される。職務内容の管理だけではなく、従業員の動機づけの手段としても利用される。

追加 ポイント

過去には、教育訓練やMBOに関わる出題がある。2次試験にもつながる論点であるため、出題に備えて知識をもっておきたい。

 令和4年度 第21問 職務再設計と勤務形態

論点31 退職管理

> 業績悪化の際は雇用調整を行う。また、高齢者に関連する雇用制度も注目されている論点である。

1 退職

退職には会社都合と自己都合の2種類がある。

【 退職の種類 】

会社都合退職	定年退職や経営上の都合による退職である。定年退職以外の会社都合退職があると、各種助成金支給に制限がかかる場合がある。
自己都合退職	従業員の希望による退職や死亡退職などがある。従業員の希望による退職の場合、従業員は3ヵ月間の失業給付制限がかかる。

2 雇用調整

雇用調整は、景気の悪化による仕事量減少や不採算事業の廃止などで過剰になった従業員数を調整することである。一般的に以下の手順で実施する。

【 雇用調整の手順 】

労働時間の削減	① 残業の削減、時短
人員投入の抑制	② パート・アルバイトの削減
	③ 採用活動の中止
人員の調整	④ 配置転換・出向
	⑤ 一時帰休（レイオフ）
人員の削減	⑥ 希望退職者募集
	⑦ 退職奨励
	⑧ 整理解雇

3 高齢者に関連する雇用制度

公的年金の受給年齢の引き上げに伴い、企業は高齢者雇用制度の整備を進めている。しかし高齢者雇用は、人件費の高騰や若手従業員の活躍機会の喪失を招き、企業の負担は大きく課題は多い。

【 高齢者に関連する雇用制度 】

定年延長	定年年齢そのものを引き上げる制度である。ゆえに全社員が対象になる。
再雇用制度	定年した従業員を一度退職させ、改めて雇用する制度である。役職や賃金も新たな条件に更新される。
勤務延長制度	定年年齢はそのままにして、定年年齢に達した従業員を引き続き雇用する制度である。企業が必要とした者のみに適用される。
早期退職優遇制度	定年前に企業の定めた条件に従い退職する者に対し、退職金の割増、再就職の斡旋などの優遇処置を行う制度である。

4 役職定年

従業員の高齢化は、ポスト不足による人事の停滞、若手従業員のモラールやモチベーションの低下を招くため、役職に定年制度を設け組織の新陳代謝促進、人材の育成、従業員の意識改革を図る。

【 役職定年 】

役職任期制度	管理職に一定期間の任期を設け、この期間の業績を評価し、再任、昇進、降職を行う制度である。
役職定年制度	役職に上限年齢を設け、一定年齢までに昇進できなかった者は管理職から外れ、専門職などに異動する制度である。

追加 ポイント

定年後も希望者全員を雇用することを企業に義務づける、改正高年齢者雇用安定法が平成25年に施行されたが、その後出題はされていない。ただし、令和3年に法改正が行われているため、今後出題される可能性はある。

過去5年間での出題はない。

論点32 賃金管理

ポイント

企業は従業員に賃金を支払う必要がある。また、近年、退職金制度の見直しが実施されている。

1 賃金体系管理

企業は定期的に賃金を支払う必要があり、定期賃金は基本給と手当に分かれる。

① 基本給

同一の賃金体系により、従業員全員に支払われるものである。大きく、職能給、職務給など仕事の内容や種類により決定される仕事給と、年齢、勤続年数などにより決定する属人給に分類される。

② 手当

個々の従業員により受給資格の異なるものである。役職手当などの勤務手当、通勤手当、住宅手当などの生活手当、皆勤手当などのその他手当に分類される。

【 賃金体系図 】

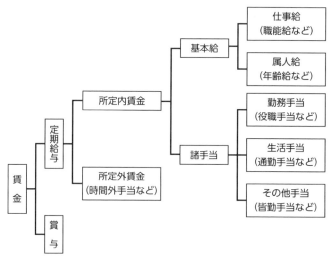

出所：『LECTURE 労務管理』岩出 博著　泉文堂を修正

❷ 賃金形態管理

　賃金形態管理とは、基本給の支払われる単位である。時間給、日給、週給、月給、年俸などの時間単位のものと、出来高給、歩合給、業績給などの仕事単位のものがある。

❸ 退職金管理

　一般的に退職金は年功的要素が強く、勤続年数が長く基本給が高いほど支給額は高くなる。近年は右肩上がりの経営環境ではなくなり、企業の負担は大きく、多くの企業が退職金制度の見直しを行っている。

【 退職金に関する諸制度 】

ポイント制退職金	職能資格などの基準などに基づいて、毎年ポイントを付与し、累積したものにポイント単価を乗じて退職金額を算定する制度である。退職時の基本給に左右されず、企業への貢献度により退職金額を決定できる。
退職金の年金化	退職金の一定額を年金として支払う制度である。退職金支払い集中による資金圧迫を避け、計画的な退職金管理が可能になる。
確定拠出型年金制度	これまでの企業年金制度は、将来の年金支給額が予め決まっている確定給付年金であったが、社会情勢の不確実性の高まりから、毎月の掛け金を積み立てし個々の従業員が自らそれを運用して、その実績で将来の支給額を確定する年金制度である。

追加 ポイント

賃金関係は労働基準法からの出題が多く、それとセットで理解しておこう。

過去問　　令和5年度　第24問　賃金・退職金

論点33　労働基準法の概要

> 労働者の保護を目的にして、各労働関連の法規が制定されている。最も基本となる労働基準法は、労働条件の最低基準を定めている。

❶ 労働基準法とは

労働基準法は1947年（昭和22年）に制定された法律である。一定の基準を設けて労働者を保護することを目的にしている。必要な労働条件（賃金、労働時間、解雇など）の最低基準を定めた法律である。

❷ 労働関連の契約の優先順位

労働者と使用者は労働条件についてお互いに自由に契約をすることができるが、内容については、以下の順序で優先度が高くなっている。

【労働条件の優先順位】

法　令	労働基準法などの労働法規	
労働協約	労働組合と会社が団体交渉で合意した内容を書面化したもの	
就業規則	労働条件などの事項を会社が定めている規則	
就業契約	一定の対価と交換で一定の労働条件の下、労働提供する契約	

（高／優先順位／低）

❸ 労働契約法

近年の雇用形態の多様化に伴い、労働基準法だけでは解決できない問題も発生しており、その解決と紛争の未然防止、労働契約の円滑な継続のための基本ルールを定めた労働契約法が平成20年に施行された。労働契約法には5つの基本原則が掲げられている。

【労働契約法の基本原則】

労使対等の原則	労働契約は、労働者及び使用者が対等の立場における合意に基づいて締結し、又は変更すべきものとする。
均衡考慮の原則	労働契約は、労働者及び使用者が、就業の実態に応じて、均衡を考慮しつつ締結し、又は変更すべきものとする。

仕事と生活の調和 への配慮の原則	労働契約は、労働者及び使用者が仕事と生活の調和にも配慮しつつ締結し、又は変更すべきものとする。
信義誠実の原則	労働者及び使用者は、労働契約を遵守するとともに、信義に従い誠実に、権利を行使し、及び義務を履行しなければならない。
権利濫用の 禁止の原則	労働者及び使用者は、労働契約に基づく権利の行使にあたっては、それを濫用することがあってはならない。

4 就業規則

　常時10人以上の労働者を使用する使用者は就業規則を作成し、労働者の代表（当該事業所の労働者の過半数で構成された労働組合または過半数労働者から選任された代表者）の意見を聴いて、所轄労働基準監督署に労働者代表の意見書を添付して届け出ることが、労働基準法により義務づけられている。

　就業規則に必ず定めなければいけない項目（絶対的必要記載事項）は以下のとおりである。

【 就業規則の絶対的必要記載事項 】

始業及び終業の時刻、休憩時間、休日、休暇、就業時転換に関する事項。
賃金の決定、計算及び支払の方法、賃金の締切り及び支払の時期並びに昇給に関する事項。
退職に関する事項（解雇事由を含む）。

追加 ポイント

平成24年の労働契約法の改正で有期労働契約の新しいルールが決められた。
①無期労働契約への転換
有期労働契約が反復更新されて通算5年を超えたときは、労働者の申込みにより、期間の定めのない労働契約（無期労働契約）に転換できるルールである。
②「雇止め法理」の法定化
一定の場合には、使用者による雇止めが認められないことになるルールである。
③不合理な労働条件の禁止
有期契約労働者と無期契約労働者との間で、期間の定めがあることによる不合理な労働条件の相違を設けることを禁止するルールである。
③は働き方改革関連法によりパートタイム・有期雇用労働法にて規定されている。

過去問

令和5年度　第25問　労働基準法
令和4年度　第23問　労働基準法
令和4年度　第24問　就業規制
令和3年度　第24問　労働基準法

論点34 賃金

賃金は労働の対価として使用者が労働者に支払うものすべてを指す。賃金に関して法律で最低賃金や割増賃金が決められている。

1 賃金の定義

労働基準法第11条で賃金は、「この法律で賃金とは、賃金、給料、手当、賞与その他名称の如何を問わず、労働の対償として使用者が労働者に支払うすべてのものをいう」と定義されている。

また、同法第24条で賃金の支払いについて、「賃金支払五原則」と呼ばれる「通貨払いの原則」「直接払いの原則」「全額払いの原則」「毎月一回以上払いの原則」「一定期日払いの原則」の五原則を定めている。五原則には次のような例外がある。

【 賃金支払五原則の例外 】

原　　則	例外の例
通貨払いの原則	労働者の指定する銀行への振込み
直接払いの原則	労働者の使者に対し支払う
全額払いの原則	労使協定がある場合 (組合費など)
毎月一回以上払いの原則	臨時に支払われる賃金、賞与 (ボーナス)
一定期日払いの原則	支払日が休日の場合

2 最低賃金法

最低賃金法は、「賃金の低廉な労働者について、賃金の最低額を保障することにより、労働条件の改善を図り、もって、労働者の生活の安定、労働力の質的向上及び事業の公正な競争の確保に資するとともに、国民経済の健全な発展に寄与すること」を目的として制定された法律である。ポイントは以下の点である。

【 最低賃金法のポイント 】

種　類	「地域別最低賃金」と「産業別最低賃金」が制定され、高いほうの最低賃金が優先される。
対　象	正社員やパート・アルバイトといったすべての勤務形態の賃金に適用される。
罰　則	最低賃金法違反企業に対する罰則（罰金）が規定されている。

3 割増賃金

　法定労働時間を延長し、または法定休日に労働させた場合は、その時間またはその日の労働について割増賃金を払わなければならない。

【 割増賃金 】

時間外労働	法定労働時間（原則として1日8時間、1週間40時間）を超えて労働させた場合	25%以上
休日労働	法定休日（1週間に1日または4週間中4日）に労働させた場合	35%以上
深夜労働	深夜労働（深夜労働とは、午後10時から午前5時まで。厚生労働大臣が必要と認める場合は、地域又は期間を区切って午後11時から午前6時まで）をさせた場合	25%以上
時間外労働＋深夜労働		50%以上
休日労働＋深夜労働		60%以上
休日労働＋時間外労働		35%以上

追加 ポイント

- 割増賃金の算定基礎賃金から、家族、通勤、別居、子女教育、住宅などの手当、臨時の支払い、1ヵ月を超える期間ごとの支払い、などは除外できる。
- 1月に60時間を超える時間外労働については、超えた部分の法定割増賃金率が50%以上となる。中小企業については、50％以上への引上げが猶予されていたが、令和5年4月より大企業同様に引上げが適用される。
- 令和5年4月1日より、労働者の同意を得たうえで、一定要件を満たした場合に限り、デジタルマネーによる賃金の支払いが解禁された。今後、問題の選択肢に登場する可能性も考えられる。

 過去問　令和3年度　第26問　賃金

論点35 労働時間

ポイント

労働基準法では労働時間についても定めている。その内容は、法定労働時間、休憩、休日とその例外、時間外労働などがある。

1 法定労働時間

労働時間とは労働者が使用者の指揮命令下にいる時間をいう。労働基準法で定める労働時間についてまとめる。

【 労働時間 】

労働時間	1週間	使用者は労働者に、休憩時間を除いて1週間について40時間を超えて労働させることはできない。
	1日	使用者は労働者に休憩時間を除いて1日について8時間を超えて労働させることはできない。
労働時間の例外		常時10人未満の労働者を使用する次の業種については例外的に休憩時間を除いて1週間につき44時間、1日について8時間までが法定労働時間になる。 • 商業 • 映画・演劇業 (映画製作の事業は除く) • 保健衛生業 • 接客・娯楽業
休　憩		労働時間が6時間を超える場合においては少なくとも45分、8時間を超える場合においては少なくとも1時間の休憩時間を労働時間の途中に与えなければならない。
休　日		使用者は、労働者に対して、毎週少なくとも1回の休日を与えなければならない。
休日の例外		4週間を通じ4日以上の休日を与えた場合は、週1回の休日を与えなくても労働基準法違反にならない。 なお、この変形週休制を採用する場合には就業規則等で、4日以上の休日を与えることにした4週間の起算日を明らかにする必要がある。

② 時間外労働協定（三六協定）

労働者の過半数で組織する労働組合か労働者の過半数を代表する者との労使協定において、時間外・休日労働について定め、行政官庁に届け出た場合には、法定の労働時間を超える時間外労働、法定の休日における休日労働が認められる。この労使協定を「時間外労働協定」という。なお、時間外労働時間には上限が設けられており、平成31年4月（中小企業は令和2年4月）より原則として月45時間、年360時間を上限とすることが法律で規定されている。また、臨時的な特別の事情により労使が合意する場合（特別条項）であっても、以下を守る必要がある。

- 時間外労働が年720時間以内
- 時間外労働と休日労働の合計が月100時間未満
- 時間外労働と休日労働の合計の2～6か月平均が80時間以内
- 時間外労働の月45時間超が年6回まで

ここでいう「時間外労働」は、会社が定めた「所定労働時間」を超える時間ではなく、「法定労働時間」を超える時間である。

③ 高度プロフェッショナル制度

平成31年4月より、職務の範囲が明確で一定の年収を有する労働者が高度の専門的知識等を必要とする等の業務に従事する場合に、健康確保措置や本人同意、労使委員会決議等を要件として、労働時間、休日、深夜の割増賃金等の規定を適用除外とする高度プロフェッショナル制度が創設された。

④ 変形労働時間制

変形労働時間制は、労働時間を1日単位でなく、週や月、年単位で計算することで、1日の労働時間が8時間を超えてもよいとする制度である。

この制度の1つにフレックスタイム制がある。フレックスタイム制は、あらかじめ定めた一定期間の総労働時間の範囲内で、労働者が労働時間、始業・就業時刻を自由に決めることができる制度である。また、就業規則にて必ず労働すべき時間をコアタイムとして設ける場合もある。

追加 ポイント

- 平成31年4月より、10日以上の年次有給休暇が付与される労働者に対しては、5日について、毎年時季を指定して与えなければならないという有給休暇の取得義務化が課されており、令和元年度にはそれに関する出題がされている。
- 実際の労働時間が算定しづらい場合において一定時間労働したとみなす「みなし労働時間制」という制度がある。この中には、事業場外労働、専門業務型裁量労働制、企画業務型裁量労働制がある。
- 1日の勤務終了後、翌日の出社までの間に、一定時間以上の休息時間（インターバル）を設けることで、労働者の生活時間や睡眠時間を確保する「勤務間インターバル制度」について、制度導入が企業の努力義務となっている。
- 令和3年に育児・介護休業法が改正され、令和4年4月1日から令和5年4月1日にかけて段階的に施行されている。男性の育児休業取得促進など、近年のトレンドになる改正もあるため、概要は把握しておきたい。

　1次試験の企業経営理論の知識は2次試験でも必要とされており、1次試験の中でも財務・会計や運営管理と並び、重要な科目である。1次試験後にスムーズに2次試験対策に入るために、1次試験の対策を行っている間から2次試験での問われ方を把握しておこう。

【こう問われる！】

【平成26年度 事例Ⅱ　第1問　改題】
　B社は創業以来、複数の商品を展開しながら今日まで存続し続けている。「2000年時点」と「2014年時点」のそれぞれにおけるB社の各商品が、プロダクト・ポートフォリオ・マネジメントのフレーム図のどの分類に該当するかを記述せよ。「2000年時点」について、および「2014年時点」についてをそれぞれ記入すること。
　なお「相対シェア」は、市場における自社を除く他社のうち最大手と自社のシェアの比をとったものとする。また、市場の範囲はX市内とする。

（プロダクト・ポートフォリオ・マネジメントのフレーム図は省略）

【解答例】
　（2000年時点）一般向けツアーは金のなる木事業に該当していた一方、海外研修ツアーは花形事業に該当していた。
　（2014年時点）一般向けツアーも海外研修ツアーも負け犬事業に該当するようになった一方で、介護付きツアーは問題児事業に該当している。

【解説】
　2次試験では、与件文に書かれた具体的な企業の事例をもとに、1次試験で学んだ知識を活かして解答する。つまり、1次試験で学んだ知識を正しく理解できていないと、PPMのような基本的なものであっても「与件文で記載されている各事業は、フレームワークのどこに位置するのか」の判断ができず、正しい解答が書けなくなってしまう。このため、1次試験対策のうちから2次試験を見据えておくことが試験合格に対し有効である。
　本問題の解答のもととなる知識はI.経営戦略論【論点13：PPM】で解説しているため、知識の定着度に自信のない受験生はぜひとも参考にしてほしい。

B 論点36 人事異動、雇用、解雇

> 事業を行うためには、適材適所の考え方で人材配置することが重要である。
> ただ、それを勝手に実施することはできず一定のルールが存在する。

1 人事異動（配置転換、転勤、出向、転籍）

　人事異動を行うためには根拠が必要とされ、労働契約の一部として就業規則に載せることで、会社は社員に対して人事異動を命じることができる。また社員はこれに従う義務がある。就業規則がなかったり、就業規則があっても人事異動に関する規定がない場合は、原則的には配置転換や転勤の都度、本人の同意が必要になる。

　人事異動には、垂直的異動である昇格・昇進・降格・降職と下記のような水平的異動の種類がある。

【 水平的人事異動の種類 】

配置転換	職務内容が変更になる。
転　勤	配置転換で、しかも勤務地も変更になる。
出　向	籍を自社に置いたまま、他社で勤務する。
転　籍	自社から勤務先の他社に籍を移して勤務する。

2 募集、採用、雇用

　企業が行う採用活動において、労働基準法は募集の有無については定めておらず、基本的に会社側の自由になる。しかし、採用に際しては労働基準法第15条で、「使用者は、労働契約の締結に際し、労働者に対して賃金、労働時間その他の労働条件を明示しなければならない」としているので、使用者は労働者に対し労働条件を提示し、双方合意のうえで労働契約を締結する必要がある。

3 解雇

　労働契約法第16条で「解雇は、客観的に合理的な理由を欠き、社会通念上相当であると認められない場合は、その権利を濫用したものとして、無効とする」とされており、解雇権の濫用を禁止している。

【 解雇の種類 】

普通解雇	整理解雇、懲戒解雇以外の解雇。労働契約の継続が困難な事情があるときに限られる。
整理解雇	会社の経営悪化により、人員整理を行うための解雇。次の4条件を満たすことが必要。 ① 整理解雇する客観的な必要があること ② 解雇を回避するために最大限の努力を行ったこと ③ 解雇対象の人選の基準、運用が合理的に行われていること ④ 労使間で十分に協議を行ったこと
懲戒解雇	従業員が極めて悪質な規律違反や非行を行ったときに懲戒処分として行う解雇。就業規則や労働契約書に要件を具体的に明示しておくことが必要である。

【 解雇制限と解雇予告 】

解雇制限 (労働基準法第19条)	使用者は、次の期間は労働者を解雇してはならない。①労働者が業務上負傷し、又は疾病にかかり療養のために休業する期間及びその後30日間、②産前産後の女性が休業する期間（産前6週間（多胎妊娠は14週間）、産後8週間）及びその後30日間
解雇予告 (労働基準法第20条)	使用者は、労働者を解雇しようとする場合は、次の手続きのいずれかをとらなければならない。①少なくとも30日前に解雇予告をする。②30日前に解雇予告をしない場合は、30日分以上の平均賃金を支払う。

追加 ポイント

令和3年度には、解雇に関して出題された。雇用・解雇については、過去何度も出題されているので、余力があれば法律の内容や背景などをチェックしておくとよいであろう。

論点37 労働組合法

労働基準法、労働関係調整法と並んで労働関係の代表的な法律（労働三法）の1つである。労働組合結成の保証、使用者との団体交渉やストライキなど労働争議に対する刑事上・民事上の免責要件などを定めている。

1 労働組合法の目的

労働組合法の目的は、「労働者が使用者との交渉において対等の立場に立つことを促進することにより労働者の地位を向上させること、労働者がその労働条件について交渉するために自ら代表者を選出すること、その他の団体行動を行うために自主的に労働組合を組織し、団結することを擁護すること並びに使用者と労働者との関係を規制する労働協約を締結するための団体交渉をすること及びその手続を助成すること」である。

2 不当労働行為

使用者が、労働者の労働組合活動を妨害することを労働組合法では不当労働行為として禁止している。

【 不当労働行為 】

不利益取扱	以下の行為などを理由として、その労働者を解雇しその他これに対し不利益な取扱いをすること。 ① 特定の労働者が労働組合に加入していること ② 組合を結成しようとしたこと ③ その他労働組合の正当な行為をしたこと ④ 不当労働行為の申立てをしたこと ⑤ 労働争議の調整をする場合に証拠を提出し若しくは発言をしたこと
黄犬契約	労働者が労働組合に加入せず、若しくは労働組合から脱退することを雇用条件とすること。
団体交渉拒否	正当な理由なく、団体交渉を拒否すること。
支配介入	労働組合の結成、運営を支配介入し、または労働組合に対して経理上の援助をすること。

❸ 団体交渉

団体交渉とは、労働組合法に基づいて設立された労働組合が、使用者または
その団体と労働条件の改善や経済的な地位向上のために交渉を行うことである。
使用者は労働組合法第7条第2号に基づき誠実交渉義務により、労働組合より
申し入れられた団体交渉を正当な理由なくして拒否することはできない。正当
な理由のない団体交渉拒否は不当労働行為となる。

また、労働組合は労働組合法第6条に基づき団体交渉を第三者へ委任するこ
とが可能で、これをもって、上部組織や下部組織、外部の労働組合が交渉に参
加する権限を持つ。

❹ 労働協約

労働組合と使用者またはその団体と結ばれた労働条件などに関する取り決め
のうち、労働組合法に則って締結されたものを労働協約という。

【 労働協約 】

定　義	労働組合による団体交渉により、労使双方が取り決めた労働条件やその他の事項に署名または記名押印された書面
労働契約との関係	労働協約に定める労働条件に違反する場合、労働契約のその部分は無効となる。
有効期限	有効期間の上限は3年である（3年を超える有効期間の定めをした労働協約は3年の有効期間の定めをした労働協約と見なす）。
解　約	有効期間の定めがない労働協約は当事者の一方が少なくとも90日前に相手方に予告して解約することができる。
有効範囲	労働組合と使用者側との契約であることから、原則として締結した労働組合に加入している組合員にのみ適用される。

追加 ポイント

組合のない中小企業の労働者が所属する職場や雇用形態に関係なく、個人で加入
できる労働組合に合同労働組合（合同労組）がある。一般的な企業内の労働組合
と同様に会社との団体交渉を行うことができる。

令和4年度　第26問　労働組合法

論点38　労働安全衛生法

ポイント

労働安全衛生法は労働者の安全と健康を確保して快適な職場環境を形成することを目的としている。

1 労働安全衛生法

労働安全衛生法の目的は、「この法律は、労働基準法と相まって、労働災害の防止のための危害防止基準の確立、責任体制の明確化及び自主的活動の促進の措置を講ずる等その防止に関する総合的計画的な対策を推進することにより職場における労働者の安全と健康を確保するとともに、快適な職場環境の形成を促進すること」である。

2 安全衛生管理

労働安全衛生法では、安全衛生管理体制を構築するための当事者、および、担当者の役割をそれぞれ以下のように定義している。

【 安全衛生管理体制の当事者、担当者の役割 】

労働者	労働基準法第9条に規定する労働者（同居の親族のみを使用する事業または事務所に使用される者及び家事使用人を除く）
事業者	事業を行う者で、労働者を使用するもの
総括安全衛生管理者	事業者が、業種・規模に応じて事業場ごとに選任し、安全管理者、衛生管理者の指揮や労働者の安全、衛生または健康に関する業務の統括管理を行う。
安全管理者	一定の業種において、常時50人以上の労働者を使用する事業場ごとに選任される。安全にかかる技術的事項の管理を職務とする。
衛生管理者	業種を問わず、常時50人以上の労働者を使用する事業場ごとに選任される。衛生にかかる技術的事項の管理を職務とする。
安全衛生推進者・衛生推進者	常時10人以上50人未満の労働者を使用する事業場ごとに選任される。安全管理者を選任すべき業種には安全衛生推進者、衛生管理者のみを選任すればよい業種には衛生推進者が選任される。
産業医	業種を問わず、常時50人以上の労働者を使用する事業場ごとに選任される。労働者の健康管理等を職務とする。

安全委員会	一定の業種において、業種により常時50人または100人以上の労働者を使用する事業場ごとに設置される。労働者の危険防止に関する事項等を調査審議する。
衛生委員会	業種を問わず、常時50人の労働者を使用する事業場ごとに設置される。労働者の健康障害の防止に関する事項等を調査審議する。
安全衛生委員会	事業者は安全委員会及び衛生委員会を設けなければならないときには、それぞれに委員会の設置に代えて、安全衛生委員会を設置することができる。

❸ 健康診断

労働安全衛生法第66条に基づき、労働者に対して、医師による健康診断を実施しなければならない。

【 健康診断の種類 】

種　類	対象となる労働者	実施時期
雇入時	常時使用する労働者	雇い入れの際
定期健康診断	常時使用する労働者	1年以内毎に1回
特定業務従事者	健康に影響のある特定業務に常時従事する労働者	配置替えの際、及び6月以内毎に1回
海外派遣労働者	海外に6月以上派遣する労働者	海外に派遣する際及び帰国後、国内における業務に就かせる際

追加 ポイント

- ・労働安全衛生法の新たな論点として、平成27年12月より義務化された「労働者が常時50名以上の全事業場における、医師または保健師などによる労働者の心理的な負担の程度を把握するための検査(ストレスチェック)」がある。覚えておくとよい。
- ・また、平成31年4月より「労働時間の適正な把握の義務化」「長時間労働者に対する面接指導の強化」「産業医・産業保健機能の強化」等にかかる改正がなされているため、余力があれば押さえておきたい。

過去問 令和元年度　第23問　医師による面接指導

論点39 労働保険

ポイント

労働保険とは、労働者が、労働に伴って死亡、負傷、病気、障害などや、失業した場合など保険給付の対象となったときに、医療の現物給付や金銭等を給付することによって生活の安定を図るという国の制度である。

1 労働者災害補償保険法（労災保険法）

　労働者災害補償保険法の目的は、「業務上の事由又は通勤による労働者の負傷、疾病、障害、死亡等に対して迅速かつ公正な保護をするため、必要な保険給付を行い、あわせて、業務上の事由又は通勤により負傷し、又は疾病にかかった労働者の社会復帰の促進、当該労働者及びその遺族の援護、労働者の安全及び衛生の確保等を図り、もつて労働者の福祉の増進に寄与すること」である。

【 労災保険事業 】

保険給付	業務災害に関する保険給付	労働関係から生じた災害、すなわち労働者が労働契約に基づいて使用者の支配下において労働を提供する過程で、業務に起因して発生した災害である。業務遂行性（労働者が使用者の支配下にある状態）と業務起因性（業務に起因する災害である）の2条件を満たす必要がある。
	通勤災害に関する保険給付	通勤災害における「通勤」の定義は以下になる。「労働者が、就業に関し、住居と就業場所との間を、合理的な経路及び方法により往復すること。ただし、業務の性質を有するもの（出張など）を除く」
	二次健康診断給付	健康診断の結果、過労死等の原因となる脳血管や心臓に関連する4つの検査すべてに異常の所見が認められた労働者に対し、二次健康診断及び特定保健指導の費用を支給するもの。
社会復帰促進等事業		労働者健康福祉機構（旧・労働福祉事業団）が行う各種事業である。

❷ 雇用保険法

雇用保険法の目的は、「労働者が失業した場合及び労働者について雇用の継続が困難となる事由が生じた場合に必要な給付を行うほか、労働者が自ら職業に関する教育訓練を受けた場合に必要な給付を行うことにより、労働者の生活及び雇用の安定を図るとともに、求職活動を容易にする等その就職を促進し、あわせて、労働者の職業の安定に資するため、失業の予防、雇用状態の是正及び雇用機会の増大、労働者の能力の開発及び向上その他労働者の福祉の増進を図ること」である。

【 雇用保険制度 】

適用事業所		1週間の所定労働時間が20時間以上で、かつ、31日以上引き続いて雇用される見込みのある労働者を1人以上雇用する事業所は、法人、個人を問わず、原則「雇用保険適用事業所」となる。
被保険者	一般	雇用保険適用事業所に雇用されている者
	高年齢継続	65歳未満で雇用され、現在65歳以上になっている労働者
	短期雇用特例	季節的に雇用されている労働者 (出稼ぎ) など
	日雇労働	日々雇用される者、または、30日以内の期間を定めて雇用される労働者 (日雇い労働者) のうち、適用区域に居住または雇用される労働者

追加 ポイント

制度の細かい要件が出題されることはあまり多くはないため、まずは概要を押さえておきたい。また、令和2年9月より、複数の会社に雇用されている労働者への労災保険の給付について、すべての勤務先の賃金の合計額を基礎に給付額が決定されるように改正された。余力があれば覚えておこう。

過去問
令和4年度　第25問 労働者災害補償保険法
令和元年度　第25問 社会保険料の納付

論点40　社会保険

社会保険の主な制度は医療保険と年金制度である。

1 医療保険

日本では「国民皆保険」とされ、生活保護の受給者などの一部を除く日本国内に住所を有する全国民、および1年以上の在留資格がある日本の外国人は何らかの形で公的医療保険に加入するように定められている。

【 公的医療保険 】

全国健康保険協会管掌健康保険（協会けんぽ）	健康保険組合を持たない企業の従業員で構成される。
組合管掌健康保険（組合健保）	企業や企業グループ（単一組合）、同種同業の企業（総合組合）、一部の地方自治体（都市健保）で構成される健康保険組合が運営。
船員保険	船舶の船員。健康保険部分と労災保険の船員独自給付部分。
日雇健康保険	日々、雇い入れをされる労働者を対象とした全国健康保険協会管掌の健康保険。
共済組合	国家・地方公務員、一部の独立行政法人職員、日本郵政グループ社員、私立学校教職員。
自衛官診療証	自衛官（予備自衛官等及び防衛大学校学生）等において公費で診療を受給される者への保険給付
国民健康保険	すべての個人事業主、協会管掌健保の任意適用事業所とする認可を受けていない個人事業主の従業員、無職者（任意継続被保険者と後期高齢者医療確保法に該当する者及び生活保護を受けている者を除く）が加入する。

② 厚生年金

　年金制度は、高齢期の生活の基本的部分を支える年金を保証する仕組みである。厚生年金は、主として日本の民間企業の労働者が加入する公的年金制度である。日本の年金制度は3階建てとなっていて、原則として、20歳以上60歳未満の日本に居住するすべての国民は、国民年金に義務として強制加入し、資格期間が25年以上ある人が65歳になった時に1階部分として老齢基礎年金を受給できる。民間企業の労働者や公務員は、厚生年金や共済年金に企業や組織が義務として強制加入しなければならず、自動的に加入している形になっている。1階部分の老齢基礎年金に加えて2階部分の老齢厚生年金や退職共済年金を受給できる。

　このほか、任意の選択として個人では国民年金基金や確定拠出年金に、企業では従業員のために各種の企業年金に任意に加入して掛金を拠出し、老後に給付することができる。

【 日本の年金制度 】

3階部分	企業年金、確定拠出年金、国民年金基金			
2階部分			厚生年金	共済年金
1階部分	国民年金			
加入者	個人事業者 無職者 パート、アルバイト等	第2号被保険者 被扶養配偶者	民間の労働者	公務員等
	第1号被保険者	第3号被保険者	第2号被保険者	

追加 ポイント

　グローバル化に伴い、海外出向者や外国人労働者についての保険の適用に関して出題されることもある。余力があればチェックしておきたい。

過去問　令和5年度　第27問　健康保険諸法令、厚生年金保険諸法令
　　　　令和元年度　第25問　社会保険料の納付

論点41 労働者派遣法

ポイント

労働者派遣法は労働者派遣事業の適正な運営を確保するとともに、派遣労働者を保護することを目的としている。

1 労働者派遣法

労働者派遣法は、平成24年10月の改正で正式名が「労働者派遣事業の適正な運営の確保及び派遣労働者の保護等に関する法律」に変更になっている。また、目的も「この法律は、職業安定法と相まって労働力の需給の適正な調整を図るため労働者派遣事業の適正な運営の確保に関する措置を講ずるとともに、派遣労働者の保護等を図り、もって派遣労働者の雇用の安定その他福祉の増進に資することを目的とする」として、派遣労働者の保護を明記している。

その後、平成27年、令和2年に労働者派遣法の改正が行われ、令和3年1月、4月には施行規則および指針の改正が行われている。

2 派遣労働者の分類

派遣労働者の分類として、「常用型」と「登録型」の2種類がある。「常用型」は労働者と派遣業者に雇用関係が結ばれている形態で、正社員派遣ともいう。「登録型」は派遣業者に労働者が登録されている状況で、派遣先が存在する場合のみ労働者と派遣業者に雇用関係が生じる形態である。

【 派遣事業の契約形態 】

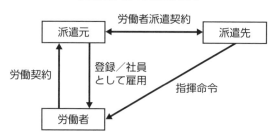

🖪 労働者派遣法の改正点

　令和2年に行われた労働者派遣法の改正では、「同一労働同一賃金」の実現を目的として以下のような改正が行われた。

【 主な改正点 】

①派遣労働者の待遇決定方式

派遣労働者の待遇について、派遣元は以下のいずれかの方式を選択し、賃金を決定することが義務づけられた。
- 派遣先均等・均衡方式（派遣先の通常の労働者と均等・均衡するように賃金を決定する方式）
　派遣先企業の通常の労働者と比較して派遣社員の待遇を決定する方法であり、派遣労働者の職務内容や成果、能力などを勘案して賃金を決定するように努めなければならない。
　また、派遣先企業は派遣元企業に従業員の待遇に関しての情報を提供することが義務づけられた。
- 労使協定方式（派遣元企業と派遣労働者間の労使協定で賃金を決定する方式）
　派遣元企業との労使協定で賃金を決める方法であり、一般の労働者の平均的な賃金と比較して同等以上の賃金となるように制定しなければならない。

②派遣労働者の待遇に関する説明義務

派遣元企業は、派遣労働者の雇入れ時、派遣時、派遣労働者から求めがあった場合において、それぞれのタイミングで書面や口頭などにより待遇に関する情報などを明らかにして説明することが義務づけられた。

また、令和3年1月および4月には以下のような改正が行われた。

①派遣労働者の雇入れ時における教育訓練計画などの説明

②派遣元企業と派遣先企業間の派遣契約書の電磁的記録の容認

③派遣労働者からの苦情に対する派遣先企業の誠実かつ主体的な対応

④日雇派遣の契約解除時における休業措置および休業手当の支払い等

⑤雇用安定措置に関する派遣労働者からの希望聴取

⑥派遣元企業におけるマージン率等のインターネットによる開示

追加 ポイント

近年での改正が続いているため、余力があれば関連知識を深めておきたい。

過去問　過去5年間での出題はない。

(p.109からのつづき)

3. マーケティング論

(1) マーケティングの基礎概念

マーケティングの定義、マーケティング・コンセプト、マーケティングの分類と概念の変遷、その他

(2) マーケティング計画とマーケティング戦略

企業の競争市場戦略 (企業のミッション、企業のドメイン・事業の定義、企業の市場環境分析、成長機会の評価)、マーケティング・マネジメント (STPと4P、マーケティング・ミックスの展開、マーケティングの実行とコントロール)、ソーシャルマーケティング (非営利組織のマーケティング、社会貢献と社会責任のマーケティング、企業における実行概念)、その他

(3) マーケティング・リサーチ

調査目的の明確化 (調査課題の設定方法、調査ターゲットの選定)、調査方法 (データ情報源、具体的な調査手法)、その他

(4) 各分野に展開したマーケティング

リレーションシップ・マーケティング (リレーションシップ・マーケティングの概念、顧客関係性管理 (CRM))、サービス・マーケティング (サービス・マーケティングの概念、サービス品質の測定、製造業のサービス化)、デジタル・マーケティング (デジタル・マーケティングの概念、デジタル・マーケティングの実行)、グローバル・マーケティング (グローバル・マーケティングの概念、カントリー・オブ・オリジン、グローバル・マーケティングの実行)、生産財マーケティング (生産財マーケティングの特徴と実行)、その他

(5) プロダクト・マネジメント

製品の概念 (製品の分類、製品の価値、プロダクト・ミックス)、プロダクト・ライフ・サイクル (PLC) (PLCの概要、製品の普及モデル、先発の優位と後発の優位)、新製品開発 (市場性の評価とカテゴライゼーション、新製品開発のアイデア創出とスクリーニング、定性的な開発方法、定量的な開発方法、パッケージング)、ライフサイクル・マネジメント (製品のポートフォリオ・マネジメント、製品の需要拡大、製品寿命の延命、製品の入れ替え方法)、その他

(6) ブランディング

ブランドの基礎概念 (顧客との関係性、ブランドの種類、ブランドエクイティ)、ブランド要素と機能 (ブランド要素の構成、ブランドの機能)、ブランド・マネジメント (ブランド構築、ブランドの維持管理と基本戦略、ブランド経験とカスタマージャーニー)、その他

⑺ 消費者行動

消費者行動への影響要因（文化的要因、社会的要因、個人的要因、その他）、消費者の意思決定（消費者行動を捉える諸モデル、消費者の関与、購買意思決定プロセス）、消費者の認知（ニーズ・動機付け、知覚・学習・記憶・態度・信念）、消費者の感覚と感情（消費者の感覚、感覚に対する評価）、その他

⑻ プライシング

価格の要素（内的参照価格、外的参照価格、価格の関与）、価値表示による価格（価格のコスト、価格の便益）、消費者の価格判断における文脈効果（トレードオフ・コントラスト、カテゴライゼーション）、価格戦略分類（多様な価格戦略、デジタル時代の価格戦略）、価格決定の手法（多様な決定方法）、その他

⑼ コミュニケーション

コミュニケーションの基礎概念（コミュニケーションの定義、コミュニケーションの分類）、コミュニケーションの種類（マスメディア、SPメディア）、広告計画と効果測定（広告計画の流れと役割、効果測定）、広告表現（広告規制、広告表現方法）、デジタル時代のコミュニケーション（メディアの種類、SNS等を活用したコミュニケーション）、その他

⑽ プロモーション

プロモーション政策（プロモーション・ミックス、プッシュ政策、プル政策、製品ライフサイクルに応じたプロモーション戦略）、人的販売（役割、販売員の種類、進め方、販売員管理）、販売促進（目的、種類、消費者向け、流通業者向け、社内向け、関係法規、デジタル化による販売促進）、PR（内容、必要性、使用媒体、方法、パブリシティ、その他）、その他

⑾ 流通チャネル

流通チャネルの機能と種類（チャネルの目的、チャネルの機能、チャネル統合、チャネルの種類）、流通チャネル政策（開放的流通チャネル、選択的流通チャネル、専属的流通チャネル、流通チャネルの評価と管理）、デジタル化と流通（オムニチャネル、O2O、OMO等）、その他

⑿ その他マーケティング論に関する事項

　1次試験の企業経営理論の知識は2次試験でも必要とされており、1次試験の中でも財務・会計や運営管理と並び、重要な科目である。1次試験後にスムーズに2次試験対策に入るために、1次試験の対策を行っている間から2次試験での問われ方を把握しておこう。

【こう問われる！】

【平成27年度 事例Ⅰ　第4問】
　Ａ社および関連会社を含めた企業グループで、成果主義に基づく賃金制度を、あえて導入していない理由として、どのようなことが考えられるか。100字以内で述べよ。

【解答例】
　事業毎の売上や人員構造が異なるものの、①中長期的な視野から組織の一体感の醸成や技術力の高度化を図るため、②評価の公平・公正さを考慮することが難しく、モラールの維持向上を図ることが難しいため、等である。(100字)

【解説】
　コラム①でも記載したが、2次試験では、与件文に書かれた具体的な企業の事例をもとに、1次試験で学んだ知識を活かして解答をする。ただ事例Ⅰについては、一見するとあまり1次試験で学んだ知識は直接的に使わないように見える。しかし、それは表面上のみの知識の理解にとどまっているからである。学習を通じて本質的なところや、何かの施策のメリット・デメリットといった二面性を理解すると、1次試験と2次試験は密接にリンクしているのだというところがわかってくるはずである。コラム①で記載した結論同様、1次試験のみをゴールとせず、企業経営理論は特に2次試験も意識しながら学習をしてほしい。
　なお、本問題の解答の基礎となる知識はⅡ. 組織論【論点27：成果主義】で解説しているので、知識の定着度に自信のない受験生はぜひとも参考にしていってほしい。

マーケティング論

論点1　マーケティングの定義

ポイント

> マーケティングとは、「売れる仕組みづくり」である。その正確な定義は、時代とともに変化している。

◨ マーケティングとは

　マーケティングとは「マーケット (市場) において顧客が求める商品やサービスを提供し、顧客がそれを受け取る、という一連のシステムや活動を総称したもの」で、「売れる仕組み」「儲ける仕組み」ともいえるかもしれない。本編では、仕組みや活動、その概念や具体的な内容を見ていく。

◨ マーケティングの定義

① AMA (アメリカマーケティング協会) の定義

　マーケティングの定義は時代とともに変化している。AMA (アメリカマーケティング協会) の定義は2007年が最新である。以下が今までの定義の変遷である。

【 AMAのマーケティング定義の変遷 】

年	定義の内容
1935年	マーケティングとは生産地点から消費地点に至る商品及びサービスの流れに関わるもろもろの事業活動である。
1985年	マーケティングとは、個人及び組織の諸目的を達成させる交換を創り出すために、アイデア、財、及びサービスのコンセプトの創生、価格、プロモーション、及び流通に関わる計画と実行のプロセスである。
2004年	マーケティングは、組織的な活動であり、顧客に対して価値を創造し、価値についてコミュニケーションを行い、価値を届けるための一連のプロセスであり、さらにまた組織および組織のステークホルダーに恩恵をもたらす方法で、顧客関係を管理するための一連のプロセスである。
2007年	マーケティングとは、顧客、依頼人、パートナー、社会全体にとって価値のある提供物を創造、伝達、配達、交換するための活動であり、一連の制度、そしてプロセスである。

② JMA（日本マーケティング協会）の定義

　JMA（日本マーケティング協会）では1990年に「マーケティングとは、企業及びその他の組織がグローバルな視野に立ち、顧客との相互理解を得ながら、公正な競争を通じて行う市場創造のための総合的な活動である」と定義している。

③ その他の定義

　その他、有名な経営学者である、フィリップ・コトラーやピーター・ドラッカーがそれぞれマーケティングを定義している。

【 その他のマーケティングの定義 】

フィリップ・コトラー	マーケティングとは、製品と価値を生み出して他者と交換することによって、個人や団体が必要なもの（ニーズ）や欲しいもの（ウォンツ）を手に入れるために利用する社会上・経営上のプロセス。 上記のニーズとウォンツの違いは、たとえば、「お腹がすいたので、何が食べたい」をニーズとすれば、「そのときはラ　メンを食べたい」がウォンツになる。
ピーター・ドラッカー	セリング（単純なる販売活動）をなくすことである。

追加 ポイント

　マーケティングの定義について、近年は出題されておらず、出題頻度は高くない。余裕があれば、それぞれの違いを理解して覚えておくとよい。

過去問　過去5年間での出題はない。

論点2　マーケティング・コンセプト

> 需要と供給のバランスや消費者の意識などの環境変化に伴い、マーケティングのコンセプト（骨格となる発想）も変化し続けている。

1 コンセプトの変遷

　産業革命より後の時代は、市場の需要が供給を上回る状況にあったため、生産するだけ売れるという「生産志向」（製品志向）であった。

　次に産業の発展によって大量生産により、市場に大量の商品が投入されることにより供給が需要を上回り、生産者は販売者に対し、どのように売り込むかという「販売志向」のマーケティングとなった。

　企業間の競争の激化とともに、消費者の嗜好も多様化し、生産者側でも顧客のニーズに合致した製品を供給することで競合に対する競争優位性を確保するという「顧客志向」（消費者志向）が主流となった。

　近年では、企業は社会の一員として、自社の利益だけではなく社会全体への貢献にも配慮すべき、という考え方が出てきており、この考え方を「社会志向」という。

【 コンセプトの変遷 】

年代	マーケティング・コンセプト	概要
産業革命〜 20世紀初め	生産志向 製品志向	需要≧供給 プロダクトアウト シーズ重視
20世紀中旬まで	販売志向	需要≦供給 販売者に売り込む
現在まで	顧客志向 消費者志向	顧客重視 マーケットイン ニーズ重視
これから	社会志向	社会責任・社会貢献 社会全体の利益を考える

❷ マーケティング3.0

　フィリップ・コトラー、ヘルマワン・カルタジャヤ、イワン・セティアワンらによって提唱された、ニューウェーブの技術によってもたらされる次世代のマーケティング・コンセプトである。

　「価値主導のマーケティング」とは、ニューウェーブの技術によって形成された消費者の集合知と企業が協働するようになり、商品やブランドは企業が一方的に作り上げるものではなくなっている状態である。消費者は自発的に世界をよりよい場所にしようと活動し、自分たちの問題を解決しようとする。製品やサービスも、このようなマインド・ハート・精神を基準にして選ばれるようになる。そのため、マーケティング3.0においては、信頼関係や感情的な結びつきといった関係を構築することは望ましいとした。

【 マーケティング1.0、2.0、3.0の比較 】

	マーケティング1.0 製品中心の マーケティング	マーケティング2.0 消費者志向の マーケティング	マーケティング3.0 価値主導の マーケティング
目　的	製品を販売すること	消費者を満足させ、つなぎとめること	世界をよりよい場所にすること
可能にした力	産業革命	情報技術	ニューウェーブの技術
市場に対する企業の見方	物質的ニーズを持つマス購買者	マインドとハートを持つ、より洗練された消費者	マインドとハートと精神を持つ全人的存在
主なマーケティングコンセプト	製品開発	差別化	価　値
企業のマーケティングガイドライン	製品の説明	企業と製品のポジショニング	企業のミッション、ビジョン、価値
価値提案	機能的価値	機能的・感情的価値	機能的・感情的・精神的価値
消費者との交流	1対多数の取引	1対1の関係	多数対多数の協働

出所：『コトラーのマーケティング3.0　ソーシャル・メディア時代の新法則』フィリップ・コトラー、ヘルマワン・カルタジャヤ、イワン・セティアワン著　恩藏直人監訳　藤井清美訳　朝日新聞出版

追加 ポイント

　2014年9月、フィリップ・コトラーはマーケティング4.0を発表している。これは、マズローの欲求段階説の最上段にある「自己実現欲求」に焦点を置いたマーケティングである。余力があれば覚えておきたい。

 過去問　令和2年度　第28問　マーケティング・コンセプト

論点3 ソーシャルマーケティング

> **ポイント**
>
> ソーシャルマーケティングとは、企業の経営において社会との関わりを重視するというマーケティングの考え方である。

■ ソーシャルマーケティングとは

　ソーシャルマーケティングとは、企業が従来行ってきた利益追求中心のマーケティングに対し、企業が社会的責任を果たすために社会との関わりを重視するという新たなマーケティングの考え方である。

　ソーシャルマーケティングには「非営利組織のマーケティング」と「社会志向のマーケティング」の2つがある。

【 ソーシャルマーケティング 】

種類	提唱者	内容
非営利組織のマーケティング	P.コトラー	従来の営利組織向けのマーケティング概念や技法を企業だけでなく、政府、自治体といった一般の非営利組織にも応用、拡張していこうとするもの
社会志向のマーケティング	W.レイザー	これまでの営利組織向けのマーケティング行動に社会責任や社会貢献といった視点が欠如していたという反省のもとに、マーケティングを通じ社会責任を果たし、メセナやフィランソロピーなどの社会貢献を行おうとするもの

■ 消費者の権利

　ソーシャルマーケティングなどで企業の社会的責任が必要であると指摘されてから、長い年月が経過しているが、トラブル事例はなかなかゼロにはならない。アメリカでは、大統領によって消費者の権利が示されている。1962 年のケネディ大統領が示した4つの権利と1975年にフォード大統領が追加した1つの権利である。

【 消費者の権利 】

提示した年	大統領	内　容
1962年	ケネディ	① 安全である権利 ② 意見を聞き届けられる権利 ③ 知らされる権利 ④ 選択する権利
1975年	フォード	⑤ 消費者教育を受ける権利

❸ 社会志向のマーケティング

① コーズリレーテッド・マーケティング

　コーズリレーテッド・マーケティングとは、社会的コーズ（大義）に関する関心に働きかけるマーケティングである。具体的には、特定の製品の売上のうち何％かを社会的コーズの解決（たとえば、地球温暖化防止活動など）に対しての寄付内容を訴求・実践するといったことがあげられる。類似した活動としてコーズ・プロモーションやコーポレート・フィランソロピーといったものがあるが、明確に異なる点として、商品の売上に直結したな活動であるといったことがあげられる。

② ソーシャル・ビジネス・エンタープライズ（社会的企業）

　ソーシャル・ビジネス・エンタープライズとは、社会的コーズの解決を目的として事業やそれに向けた投資に自主的に取り組んでいる企業のことである。ボランティアや慈善事業と類似しているように見受けられるが、明確に異なる点として、ボランティアなどが無償による奉仕を基本としているのに対し、ソーシャル・ビジネス・エンタープライズは有償のサービス提供を行い、それによる収益を通じ社会的コーズの解決を目指すといったことがあげられる。

追加 ポイント

CGM (Consumer Generated Media) は「消費者生成メディア」と呼ばれ、インターネット上で消費者が価値を生成していくメディアである。ブログやフェイスブック、ツイッターといったソーシャル・ネットワーキング・サービス (SNS) などの普及で、インターネット上の口コミサイトとしてCGMが消費者の行動にも影響を与えている。

過去問

令和5年度　第36問（設問1）ソーシャルマーケティング
令和2年度　第35問　ソサイエタル・マーケティング

論点4　マーケティングの目標設定

ポイント

> マーケティングを行うには、目標を設定し、計画を立てて実行する。市場調査からマーケティング・ミックスまで、一貫したマネジメントが必要である。

◘ マーケティング・マネジメント

　フィリップ・コトラーは、マーケティング戦略のプロセスを、①環境分析と目標の設定、②ターゲットとなる市場の選定、③マーケティング・ミックスの構築に分類している。

【 マーケティング戦略のプロセス 】

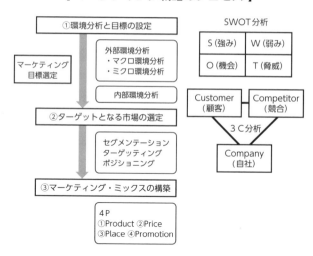

① 環境分析と目標の設定

　内部環境や外部環境をSWOT分析や3C分析などの手法を用いて分析する。外部環境では、マクロ環境（政治や経済情勢、市場や業界の動向）とミクロ環境（競合や顧客）の分析を、内部環境分析では、自社の強みと弱みをそれぞれ分析する。

② ターゲットとなる市場の選定

　自社の事業領域を決め、ターゲットとなる市場を選定する。その際、セグメ

ンテーション（市場の細分化）、ターゲッティング（標的市場の選定）、ポジショニング（顧客視点での自社の位置づけ）をそれぞれ考えたうえで選定を行う。

③ マーケティング・ミックスの構築

②で選定したターゲット市場において、売上、利益を拡大する手法（マーケティング・ミックス）を構築する。その際には4P（【論点6】参照）の視点で考える。

② マーケティング目標

① 目標売上高

マーケティング目標として最も重要で一般的な目標である。

② 目標利益

売上高を獲得するためにかかった費用を考慮し、結果として利益の額をその目標とする。利益の絶対額や利益率を目標に設定する。利益率目標には、売上高に対する利益の割合を示す売上高利益率や、企業の調達資本からどのくらい利益が発生しているかを示す資本利益率（ROI）がある。

③ 市場占有率

市場占有率とは目標とした市場全体の中で、自社製品の売上高に占める割合である。自社の市場における地位を明確に把握するための指標として用いられる。また、市場成長率と合わせてPPM（（Ⅰ.経営戦略論【論点13】）参照）で市場を分析するために用いられる。

④ ハーフィンダール指数（ハーシュマン＝ハーフィンダール指数：HHI）

ある産業の市場における企業の競争状態を表す指標の1つである。市場が寡占状態か競争状態かを見分けるのに効果的である。市場占有率の2乗和で表される。

追加 ポイント

たとえば、企業数5の産業Aと産業Bがあり、産業Aは1社が80％で残り4社が各5％の市場占有率を持ち、産業Bは各社平等に20％ずつの市場占有率をもつ場合のハーフィンダール指数は以下のように計算できる。
産業A：HHI=0.8×0.8＋4×0.05×0.05＝0.65
産業B：HHI=5×0.2×0.2＝0.20
この場合、産業Bに比べ、産業Aの寡占度が高いと判断できる。

 令和5年度　第3問　5フォース

> **ポイント**
>
> 市場への接近にあたっては、何らかの基準で市場を細分化して選定する方法と、市場全体を単一に捉える方法がある。

1 市場の分類

　市場調査と目標の選定が終了すると、ターゲットとなる市場の選定が必要となる。まず、市場の細分化(セグメンテーション)が必要である。市場は細分化の方法によりいくつかに分類できる。

　市場細分化(セグメンテーション)は、地理、人口、地勢、地域風土、組織文化、購買者心理などの基準により行われる。

【 市場の分類 】

分類の基準		内　容	例
地理的基準	地理的単位、気候状況などで分類する	国、都道府県、市町村、地域、寒暖、季節	地域限定商品季節限定商品
デモグラフィック基準	人口統計的な変数で分類する	年齢、性別、家族構成、所得、職業、宗教、国籍、人種	少年雑誌高級車
サイコグラフィック基準	消費者のライフスタイルやパーソナリティで分類する	生活様式、社会階層、性格	アウトドア用品
行動的基準	消費者の行動動機で分類する	購買の動機、便益性、使用頻度	機能性飲料
ロイヤルティ基準	ブランドへの忠誠度で分類する	特定のブランドに対するこだわり	ブランドのかばん

2 総合的市場接近法

　総合的市場接近法とは市場セグメントを意識しない市場への接近法であり、一般的にマスマーケティングと呼ばれる。すべての消費者を対象として大量生産した単一の製品を、そのまま大量流通させ、テレビやラジオ、新聞、雑誌な

どのマスメディアで大量プロモーションを行うことである。

3 市場細分化接近法

　細分化された市場から標的（ターゲット）となる市場を選択し、そこにマーケティング・ミックスを集中させていく方法である。ターゲットマーケティングと呼ばれる。

【 ターゲットに関する考え方とメリット・デメリット 】

手　法	内　容	メリット	デメリット	
無差別型マーケティング	市場全体、単一の市場をターゲットにして、単一の商品を提供する。	マーケティングコストが最小。	すべての消費者を満足させることができない。	製品 ➡ 市場
差別型マーケティング	複数の市場に対して、各市場のニーズに合わせた異なる商品を提供する。	消費者に多様性をアピールできる。	コストが増大して、経営資源が分散される。	製品1 ➡ 市場1 製品2 ➡ 市場2 製品3 ➡ 市場3
集中型マーケティング	細分化した市場のうち、1つあるいは少数の市場を選択して、経営資源をそこに集中する。	中小企業や新興企業でも競争優位に立てる可能性がある。	選択市場を誤った場合には大きなリスクになる。	製品 ➡ 市場1 市場2 市場3

追加 ポイント

経営学者のエーベルは、単一セグメント集中型、製品専門型、市場専門型、選択的専門型、全市場浸透型という5つのパターンに市場を細分化する考え方をもっている。それぞれのパターンについて、イメージをわかせられるようにしておこう。

過去問
令和2年度　第29問（設問1）市場セグメンテーション
令和元年度　第27問　市場細分化
令和元年度　第29問　BtoBマーケティング

B **論点6** マーケティング・ミックス

> マーケティング・ミックスとは、マーケティング戦略において、望ましい反応を市場から引き出すためのツールを組み合わせることである。代表的なものに、エドモンド・ジェローム・マッカーシーが1960年に提唱した有名な分類4P理論がある。

1 製品ライフサイクル

　製品を生物と同じくライフサイクルで捉える考え方が「製品ライフサイクル」である。それぞれの期で以下のように売上高と利益が変化する。

【 製品ライフサイクル 】

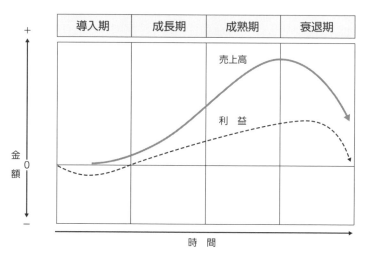

2 マーケティング目標と戦略

　それぞれの期ごとに目標と戦略が変化する。

【 期ごとの目標と戦略 】

	導入期	成長期	成熟期	衰退期
目標	市場拡大	市場浸透	シェア維持	生産性確保
戦略	製品の認知度を高める	設備投資してチャネルを拡大する	競合との差別化を図る	支出を削減し、市場撤退を視野に

❸ マーケティング・ミックスの展開

それぞれの製品ライフサイクルでのマーケティング戦略を4Pの視点で考える。

【 マーケティング・ミックスの4P 】

Product（製品）	製品の品質、サービスなどに関する戦略
Price（価格）	製品の価格に関する戦略
Place（チャネル）	販売チャネル、輸送や流通に関する戦略
Promotion（プロモーション）	広告宣伝や販売促進に関する戦略

製品ライフサイクルごとに4Pの戦略は以下のようになる。

【 4Pの戦略 】

4P	導入期	成長期	成熟期	衰退期
製 品	商品開発	製品の拡張 サービスの充実	差別化した 機能の提供	アイテム数の削減
価 格	高 い	やや低め	低 い	高 い
チャネル	限定的	拡 大	重点的	限定的
プロモーション	教育、啓蒙 認知度向上	製品の特徴を強調	他社に対する 優位性を強調	メイン顧客の維持

追加 ポイント

4Pを考える際には、製品ライフサイクルだけではなく、それぞれの「P」の整合性を図ることも重要である。たとえば、富裕層に高級腕時計（Product）を高価格（Price）で、高級感を訴求する広告を使って（Promotion）販売したい場合、販売チャネル（Place）がディスカウントストアでは、他の3つの「P」と整合せず、成功は難しい。

過去問

令和5年度　第4問　経験曲線効果／価格戦略
令和4年度　第33問　製品ライフサイクル
令和元年度　第28問　製品ライフスタイル

B **論点7** 市場調査の意義と方法

ポイント

> 必要に応じて市場調査を行う。市場調査の方法には、質問法、観察法、実験法がある。

1 市場調査の目的

　市場調査（マーケティングリサーチ）とは、マーケティング活動の一環として顧客のニーズやウォンツを調査する行為である。マーケティングに必要なデータには以下の2種類が存在する。

【 マーケティングに必要なデータ 】

データの種類	内　容
1次データ	マーケティング活動で使用することを目的に新たに市場で収集するデータである。
2次データ	すでに他の目的などで収集されているデータである。公開されている資料や報告書から入手できるデータである。

　市場調査は上記の1次データ収集のために行う調査である。まず、2次データとしてすでに収集済みで目的に適合したデータがないかどうかを調査したうえで、必要に応じて市場調査を実施すべきである。

2 調査の対象領域と種類、プロセス

　市場調査にあたっては、そのマーケティング活動にどのようなデータが必要なのかを検討し、対象領域を明確にする必要がある。領域が明確になった後に、その領域を調査するための調査方法を選択する。

　市場調査の方法には、以下のようなものがある。

【 市場調査の方法 】

調査方法		内　容	メリット・デメリット
質問法	訪問面接法	調査員が対象者を訪問して調査する	被調査者の協力を得やすく、質問に対する回答を確実に記録できる。反面、時間とコストを要する。

質問法	会場集合調査	対象者に会場に来て もらって調査を行う	商品に触れさせる等により、リアルな反応を把握でき、機密情報の管理が容易である。反面、訪問ほどではないが会場を確保するコストがかかる。
	電話調査法	対象者に電話で 調査を行う	低コストで、質問に対する回答をその場で得られる。反面、時間が限られ(通常15分以内が適切とされる)、項目数が多い調査には向かない。
	郵送法	調査票を送り 返送してもらう	低コストで、回答者の都合で回答できる。反面、回収率が低くなりやすく、かつ予想しづらい。
	留置法	質問表を配布して 後日回収する	その場で回答しづらい質問や回答に時間がかかる質問に有効である。反面、調査期間が長く、配布・回収のコストがかかる。
	ファクス 調査法	ファクスで調査票を 送る	低コストで一斉に多数に回答を依頼できる。反面、対象者がファクスのある人に限定される。
	グループ インタビュー 調査	司会者の進行により、対象者に自由に発言させる	掘り下げた内容を聞き、その結果から仮説を導き出せる。反面、定性的なデータしか得られず、定量調査と組み合わせる必要がある。また、司会者の力量に効果が左右される。
観察法		調査員、あるいは機械が対象者の行動を観察する	得られる事実情報の精度が高い。反面、実態はつかめるが、そうなる原因や背景の分析は調査担当者の力量次第となる。
実験法		事前に設定した要因を変化させて、要因間の因果関係を探る	プロモーションの効果などが正確にわかる。反面、時間とコストがかかる。

追加 ポイント

近年はインターネットを使用した調査が多く行われている。コストや調査範囲の大きさなどから今後このやり方は広がっていくであろう。

過去問

令和3年度　第37問　マーケティング・リサーチ
令和2年度　第32問 (設問1) セグメント調査
令和元年度　第32問 (設問2) データ収集方法

論点8　消費者行動の決定要素とプロセス

ポイント

消費者は、マーケティングによる刺激や社会的・心理的要素の影響を受けて、購買を決定する。

■ 消費者行動のモデル

　フィリップ・コトラーは、消費者の行動を、購買者が刺激を受けてからブラック・ボックスに入り特定の反応を示す、というモデルを使って説明した。つまり、前述した4Pや購買者の置かれた環境から刺激を受けたことをきっかけに、購買者のブラック・ボックスに入り、そこで、製品選択やブランド選択といった購買者の反応に至る、というモデルで、販売者はその消費者のブラック・ボックスの内部で刺激がどのように変化しているかを理解することが重要であるとした。

【 コトラーの購買者行動モデル 】

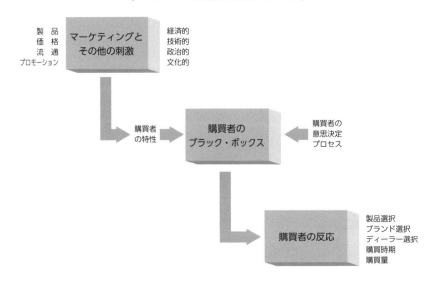

出所：『コトラーのマーケティング入門』フィリップ・コトラー、ゲイリー・アームストロング著、恩藏直人監修、月谷真紀翻訳　ピアソン・エデュケーション

② 消費行動に影響を及ぼす特性

　コトラーは、消費者の購買は下図に示すような文化的、社会的、個人的、心理的な特性に強く影響されるとした。

【 購買行動に影響を与える諸要因 】

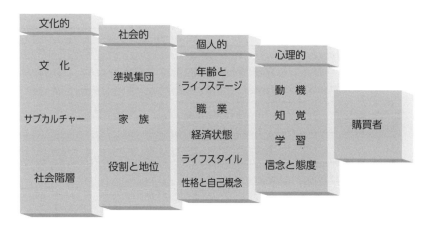

出所：『コトラーのマーケティング入門』フィリップ・コトラー、ゲイリー・アームストロング著、
恩藏直人監修、月谷真紀翻訳　ピアソン・エデュケーション

　【論点9】と【論点10】で、文化的要因と社会的要因を社会的決定要素、個人的要因と心理的要因を心理的決定要素とそれぞれ分類して説明する。

追加 ポイント

ここで説明している消費者行動のモデルは「刺激－反応モデル」と呼ばれ、消費者の行動はブラック・ボックスであり、消費者は刺激がなければ反応がない受動的な存在として捉えるものである。これに対し、消費者を問題解決のために能動的に活動する存在と捉える「情報処理モデル」もある。

過去問
過去5年間での出題はない。

A **論点9** 社会的決定要素

ポイント

消費者行動の決定要素のうち社会的決定要素として、文化的要因と社会的要因がある。

1 文化的要因

　文化的要因は、消費者の行動に最も広範囲で深い影響を与える。文化的要因には、「文化」「サブカルチャー (下位文化)」「社会階層」といった要素がある。

① 文化

　社会や集団といった人の集まりには、必ず文化が存在する。たとえば、米国と日本では異なる文化があり、それぞれの文化の影響をそこに住む人は必ず受けるといえる。

② サブカルチャー (下位文化)

　サブカルチャーとは、社会の正統的・伝統的な文化に対し、その社会に属するある特定の集団だけが持つ独特の文化である。消費者の行動に違いをもたらす特定集団の共通要素として、人種や世代がある。たとえば、同じ米国人でもヒスパニック系、アジア系、アフリカ系でそれぞれ文化が異なり、若者世代と熟年世代もそれぞれの文化を形成している。

③ 社会階層

　所得、職業、教育、資産などの違いにより価値観の違いができる。

2 社会的要因

　消費者の行動は、「準拠集団」「家族」「役割と地位」によっても影響される。

① 準拠集団

　準拠集団とは、人の価値観、態度、行動などに影響を与える集団のことである。準拠集団は、必ずしも当人が所属している集団とは限らない。人々は所属していない準拠集団の影響を受けるのである。たとえば、「みんながその製品を購入するので、今回購入を決めた」の「みんな」は準拠集団である。

　準拠集団に販売を行う場合は、その集団に影響を与える人を見つけることが大切である。影響力のある人は、その特性から、オピニオンリーダーとマーケッ

トメイブンに分かれる。オピニオンリーダーは、情報の収集、処理能力が高く、特定の商品分野に深い専門知識を持って、自らが編集した情報を発信する人である。マーケットメイブンは、オピニオンリーダーに比べ、広くて浅い情報を求めて、人々と積極的にコミュニケーションをとることで、情報を拡散させる役割を持つ人である。近年のソーシャルメディアでの情報発信の中心的な存在である。

② 家族

家族は、購買意思決定者の意思決定に大きな影響を与える。本来なら、購買意思決定者本人の欲求や嗜好によって購買意思が決定されるところ、家族の欲求や嗜好を考慮せざるを得なくなるからである。

たとえば、妻が夕食の材料を買う際に、自分だけでなく夫や子供の好みや健康を考慮してメニューを考え、それに必要な材料を購入することがあげられる。

③ 役割と地位

役割とは、同じ人でも、家庭では夫、実家では息子、会社では課長などの役割を持っており、その役割が消費者行動に影響を与えるという考えである。

また、地位も購買に関連する。たとえば、会社でマネジャーであれば、その地位にふさわしい質感の洋服を着なければという意識が働くなどがあげられる。

追加 ポイント

準拠集団についてはよく出題されるため、しっかりと理解しておこう。
消費者の行動は、消費者同士で情報交換や共有をしあうクチコミからも影響を受ける。信頼する人物からのクチコミは受け入れられやすく、特にネガティブなクチコミほど広まりやすいという特徴もある。オンライン上のクチコミの影響力の高まりから、今後も出題される可能性が十分に考えられるため、理解を深めておきたい。

B 論点10 心理的決定要素

ポイント

心理的決定要素として、個人的要因と心理的要因がある。

1 個人的要因

　消費者の行動は、その人の「年齢とライフステージ」「職業」「経済状態」「ライフスタイル」「性格と自己概念」といった個人的な特性の影響を受ける。

① 年齢とライフステージ

　各個人の好みや嗜好は年齢とともに変化する。また、進学、就職、結婚、出産などそれぞれのライフステージによっても消費者の行動は変化する。

② 職業

　職業によっても求められる商品は変化する。ブルーカラーの労働者の着る作業着と、ホワイトカラーの労働者の着るスーツ、あるいは、職業の業種別に特化した機能を持つソフトウェアの購入など、職業が購買に影響する場合がある。

③ 経済状態

　経済状態は製品の選択に影響する。十分な所得、資産があれば高額な商品が選択肢に入るが、収入が少ない場合は、購入の検討前に諦めざるを得ない。

④ ライフスタイル

　その人の活動（趣味、仕事など）、関心（食べ物、ファッションなど）、意見（自分、社会、ビジネスなど）などによって表されるその人の生活のパターンによって、消費行動が変化する。

⑤ 性格と自己概念

　社交的か控えめか、自信家で支配的か順応的か、など性格も購買行動に影響を与える。また自分自身をどのようにイメージしているかによっても購買に変化が生まれる。

② 心理的要因

人は「動機」「知覚」「学習」「信念と態度」という心理的要因によっても購買の選択が変わってくる。

① 動機

人はさまざまなニーズを持っている。しかし、ニーズを抱くだけでは購買行動は起こさない。行動を起こさせるには動機づけが必要である。

② 知覚

人は動機づけが起こると行動しようとする。その行動を起こす状況に対する知覚も消費行動に影響を与える。たとえば、対応した店員の態度が、ある人は「頼もしい」と感じ、またある人は、「押しつけがましい」と感じることで購買に関する違いが出てくる。

③ 学習

人は行動することで学習する。学習とは個人の経験から生じる行動の変化を指す。

④ 信念と態度

人は、行動と学習を通じて、信念と態度が形成される。信念とはあるものに対して個人が抱く考え、態度とは各個人が抱く一貫した評価、傾向である。

追加 ポイント

動機づけの代わりに「関与」という概念が用いられることがある。「関与」とは、製品に関する「思い入れ」「こだわり」といったものである。関与の高い消費者は、商品の購入にあたって情報を収集し、慎重に評価するが、購入後は商品を大切にし、満足度も関与の低い人に比べ高くなる。

過去問

令和5年度 第35問（設問2） 消費者に及ぼす心理的効果
令和3年度 第29問 知覚マーケティング
令和元年度 第34問 関与

A **論点11** 購買の意思決定

ポイント

消費者購買の決定プロセスにはコトラーの購買決定プロセスや「AIDMA」モデルなどがある。また、商品購入時の態度を5つに分類した考え方がイノベーター理論であり、消費者行動を分析する視点としては3つのアプローチがある。

1 コトラーの購買者の意思決定プロセス

コトラーは、どのように消費者が購買の意思を決定するかについては以下の5段階のプロセスで決定する、とした。

【 コトラーの購買者購買決定プロセス 】

出所：『コトラーのマーケティング入門』フィリップ・コトラー、ゲイリー・アームストロング著、恩藏直人監修、月谷真紀翻訳　ピアソン・エデュケーション

① ニーズの認識

消費者の購買に関する意思決定は、ニーズを認識するところから始まる。ニーズの認識とは、消費者が自分の実際の状態と望ましい状態の相違に気づくことである。ニーズの認識は人間の欲求（飢え、乾きなど）から発生する内的刺激と、たとえば、パン屋のパンのにおいを嗅ぐ、とか、格好の良い自動車のコマーシャルを見る、などの外部の要因から発生する外的刺激の2つによって引き起こされる。

② 情報探索

消費者の注意力が高まり、ニーズを満たす製品情報に敏感になる。たとえば、コマーシャルの内容を気にかけるようになる、友人と話題にする、インターネットで検索をする、実際に店頭でチェックする、などさまざまな種類の方法で情報を収集する。情報源の種類をまとめると次のようになる。

【 情報源の種類 】

情報源	内　容
個人的な情報源	家族、友人、隣人、知人
商業的情報源	広告、販売員、ディーラー、パッケージ、ディスプレイ
公共の情報源	マスメディア、消費者格付け機関
経験的な情報源	製品の操作性、検討、使用

出所：『コトラーのマーケティング入門』フィリップ・コトラー、ゲイリー・アームストロング著
恩藏直人監修、月谷真紀翻訳　ピアソン・エデュケーション

③ 代替製品の評価

　情報探索の段階で収集した情報を評価し、ある程度まで絞り込んだ商品群を、価格、スペック、ブランドイメージなどの項目で比較を行い、商品の順位付けを行う。

④ 購買決定

　③の段階での順位付けをもとに、購買を決定する。納期や支払条件などで不満足な点があると、②または③の段階に戻ったり、ここでプロセスが終了したりすることもある。

⑤ 購買後行動

　消費者は、商品を購入する前に抱いた期待に合致すれば満足、合致しなければ不満足になる。購買後の評価は、製品やブランドイメージに大きな影響を与え、次回以降の購買行動の指標となる、また、消費者は商品購入後も自らの判断が正しかったかどうかの検証を行う。この時の結果（他人の評価、トラブル時の対応など）によって顧客の満足度に変化が生じる場合がある。

2 購買決定プロセスモデル「AIDMA」「AIDA」

　一般的な消費者がある製品のことを認知した後、それを店頭で購入するまでの消費者の心理状態を説明するモデルである。日本では「AIDMA」が有名であるが、欧米では「AIDA」モデルが使われることが多い。さらに、最近ではインターネットの進展の影響もあり、注目や興味の後にインターネットによる検索、および購買の結果をSNSやブログで共有するといった新たな行動要素も出現している。

【 購買決定プロセスモデル 】

モデル		消費者の変化
AIDMA	注目 (Attention)	知らない→知る
	興味 (Interest)	興味がない→興味がある
	欲求 (Desire)	欲しくない→欲しい
	動機 (Motive) ※	動機がない→動機がある
	行動 (Action)	機会がない→機会がある
AIDA	注目 (Attention)	知らない→知る
	興味 (Interest)	興味がない→興味がある
	欲求 (Desire)	欲しくない→欲しい
	行動 (Action)	決心がつかない→決心がついた

※Memoryとするモデルもある。意味は同じである。

❸ イノベーター理論

　イノベーター理論 (普及理論とも呼ぶ) とは米国の社会学者、エベレット・M・ロジャースが提唱したイノベーション普及に関する理論で、商品購入時の消費者の態度を新商品購入の早い順に5つに分類したものである。

① イノベーター

　冒険心にあふれ、新しいものを進んで採用する人である。

② アーリーアダプター

　流行に敏感で、情報収集を自ら行い、判断する人である。他の消費層への影響力が大きく、オピニオンリーダーとも呼ばれる。

③ アーリーマジョリティ

　比較的慎重派な人である。平均より早くに新しいものを取り入れる。ブリッジピープルとも呼ばれる。

④ レイトマジョリティ

　比較的懐疑的な人である。周囲の大多数が試している場面を見てから同じ選択をする。フォロワーズとも呼ばれる。

⑤ ラガード

　最も保守的な人である。流行や世の中の動きに関心が薄い。イノベーションが伝統になるまで採用しない。伝統主義者とも訳される。

　イノベーターとアーリーアダプターで構成される初期市場と、アーリーマジョリティやレイトマジョリティによって構成されるメジャー市場の間には、容易には越えがたい「キャズム (深いミゾ)」があり、これを越えないと、新製品やサー

ビスは市場に登場しても、成熟期を迎えることなく導入期や成長期といった初期市場で消えていくことになる。

4 消費行動の3つのアプローチ

消費者行動を、生活主体としての家族や個人の生活構造、生活意識上の特徴に着目して分析するアプローチとして、以下の3つがある。

①ライフサイクル・アプローチ

夫婦の結婚、子供の誕生、独立、夫婦の片方の死亡という家族の誕生から消滅までの各段階における生活行動や消費行動を分析対象とするアプローチである。

②ライフスタイル・アプローチ

人々の生活の仕方や、価値意識、具体的には、お金の使い方、選択する財、サービス、行動の組み合わせの型として捉えるアプローチである。

③ライフコース・アプローチ

人が一生の中で経験する就学、就職、結婚、出産といったライフイベントの継起や役割をそのタイミングや間隔で分析していく方法である。

5 認知的不協和

認知的不協和は、購買プロセスにおける購買後の評価段階で、「自分が良いと思って購入した商品は本当に良いものだったのか」「もっと他に良い商品があるのではないか」という心理的な緊張が発生したときに生じる。

この場合、消費者としては、その心理的な緊張を軽減させるため、自らの購買行動の正当性を求めて、さまざまな情報収集（企業Webサイトや口コミサイトなど）を行うといったことが見受けられる。

追加 ポイント

令和3年度には認知的不協和が出題され、令和元年度および平成30年度には、キャズムが出題されている。オンラインならではの購買の意思決定がある反面、オーソドックスな購買の意思決定に関する論点もあるため、広く知識を蓄えておきたい。本論点は、全体的に出題頻度が高い内容であるため、しっかりと理解しておきたい。

論点12 製品の意義

ポイント

製品とは、パッケージやアフターサービスなどを含む包括的概念である。
対象とする市場と使用目的によって、消費財と生産財に分かれる。

1 製品の定義

コトラーは、製品を「興味、所有、使用、消費の目的で市場に提供され、か
つ欲求やニーズを満たすことのできるすべてのもの」と定義している。コトラー
はさらに、製品を3つのレベルに分けて説明している。

【 製品の3つのレベル 】

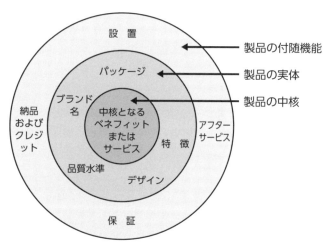

出所：『コトラーのマーケティング入門』フィリップ・コトラー、ゲイリー・アームストロング著、
恩藏直人監修、月谷真紀翻訳　ピアソン・エデュケーション

2 製品の分類

製品は、対象とする市場と使用目的によって、2種類に大別される。1つは
最終消費者が個人消費のために購入する「消費財」、もう1つは、購入後にさら
に加工したり事業に使用する目的で購入したりする「生産財」である。

① 消費財

消費財は、消費者の購買習慣に基づいて、「最寄品」「買回品」「専門品」「非探
索品」の4つに分類される。

【 消費財 】

	最寄品	買回品	専門品	非探索品
説　明	頻繁に買ったり、すぐに必要とするもの	それほど頻繁には購入せず、購入時にじっくり比較検討するもの	独自の特性、ブランド力を持って、特定の購買者が特定の努力で購入するもの	消費者が知らないか、知ってはいるが普通は購入を考えないもの
単　価	安い ⟵⟶ 高い			―
利益率	低い ⟵⟶ 高い			―
回転率	高い ⟵⟶ 低い			―
例	食料品、日用雑貨、雑誌、医薬品	電化製品、家具、衣料品	家、自動車、宝飾品、高級腕時計	生命保険、墓石、献血

② 生産財

　消費財との違いは、その使用目的である。たとえば、包丁を購入する場合、自宅で使用する場合は消費財になるが、料理人が店で出す料理を作るために購入する場合は生産財になる。

　生産財は、「材料・部品」「資本財」「備品・サービス」に分類される。

【 生産財 】

材料・部品	資本財	備品・サービス
原材料、加工材料、部品	装置と付帯設備	作業用備品、保守・メンテナンス用品、契約を結んで提供されるサービス

追加 ポイント

消費財の種類によって適切なマーケティング手法は異なる。流通を例にとると、最寄品では消費者の住居近くに置くことが重要なため、開放的なチャネル政策がとられるのに対し、高級品ではブランドイメージにふさわしい高級感ある店舗に限定するため、閉鎖的なチャネル政策がとられる。

過去問　過去5年間での出題はない。

ポイント

> ブランドには、出所表示、品質保証、情報伝達の3機能がある。ブランド
> は無形の資産であり、販売拡大のためにはその価値を高めていく必要があ
> る。

■ ブランドとは

　ブランドとは、コトラーによると、「個別の売り手または売り手集団の製品
やサービスを識別させ、競合する売り手の製品やサービスと区別するための名称、
言葉、記号、シンボル、デザイン、あるいはこれらの組み合わせ」と定義される。

　ブランドには以下の3機能がある。

【 ブランドの3機能 】

機　能	意　味
出所表示機能	製品及びサービスの製造者、提供者を明示する
品質保証機能	満たすべき水準の品質を保証する
情報伝達機能 (広告宣伝機能)	製品及びサービスに関する情報伝達を行う

■ ブランド・エクイティ (資産価値)

　ブランド・エクイティとは、コトラーによると、「ブランドの資産価値のことで、
そのブランドがどの程度高いブランド・ロイヤルティ、名称の認知度、知覚品
質、強いブランド連想、特許、商標登録、流通関係といったその他の資産を持っ
ているかに基づく」と定義されている。強いブランド名は消費者の強い支持に
つながるため、販売拡大のためにはブランド・エクイティを高めることが重要
である。

【ブランド・エクイティ】

ブランド・エクイティ	意　味
ブランド・ロイヤルティ	顧客が特定のブランドに対して示す愛着・執着のこと。そのブランドを選好して一定期間、長期にわたって反復的に購買する度合いなどで計測される。
名称の認知度	どのようなブランドであるか潜在的顧客に知られている、ないしは潜在顧客が知っていること。
知覚品質	消費者は、製品やサービスなど品質の客観的特性を、主観的に意味づけをして知覚した結果で評価し選択する。このような消費者側からみた対象の知覚を指す。
強いブランド連想	ブランドの提示と連動して何らかの知識やイメージ、感情が想起されること。
その他の資産	特許、商標登録等の知的財産や流通経路。

🔳 ナショナル・ブランドとプライベート・ブランド

　ブランドには製造業者が所有するナショナル・ブランドと、小売業や卸売業などの流通業者が所有するプライベート・ブランドがある。近年は大手のスーパーマーケット (GMS) が食品や衣料品などさまざまな商品をプライベート・ブランドで提供している。

追加 ポイント

アメリカマーケティング協会では、ブランドを「ある売り手あるいは売り手の集団の製品及びサービスを識別し、競合他社のものと差別化することを意図した名称、言葉、シンボル、デザイン、あるいはその組み合わせ」と定義している。こちらも覚えておこう。

過去問

令和5年度　第34問　ブランディング
令和4年度　第28問　ブランド
令和4年度　第36問　地域ブランド
令和3年度　第36問　地域ブランド
令和2年度　第34問 (設問2)　強いブランド

論点14 ブランド戦略とパッケージング計画

> **ポイント**
>
> ブランド戦略については、製品カテゴリーとブランド名の既存・新規を軸に考える方法と、標的市場と製品イメージ・競争地位の類似性を軸に考える方法がある。

1 コトラーのブランド戦略

コトラーは、製品カテゴリーの既存と新規、ブランド名の既存と新規の軸でマトリックスを作り、ブランド戦略を検討する際の4つの選択肢を提示した。

【 コトラーの4つのブランド戦略 】

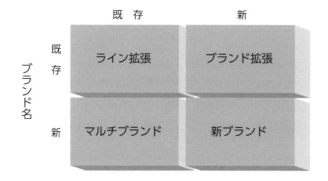

出所：『コトラーのマーケティング入門』フィリップ・コトラー、ゲイリー・アームストロング著、
恩藏直人監修、月谷真紀翻訳　ピアソン・エデュケーション

各選択肢の意味をコトラーは次のように説明している。

① ライン拡張

すでに成功したブランド名を利用して、一定の製品カテゴリー内で同じブランド名のもとに、新しい味、形、色、成分、パッケージの大きさなどの追加品目を導入することである。

② ブランド拡張

すでに成功したブランド名を、新しいカテゴリーに属する新製品や改良製品の販売に使用することである。

③ マルチブランド

　売り手が同じ製品のカテゴリー内に2つ以上のブランドを展開する戦略である。

④ 新ブランド

　新しい製品カテゴリーに参入するにあたって、既存のブランド名がどれも適切でないとき、新しいブランド名が開発される。

　各ブランド戦略の例とメリットとデメリットをまとめると以下のとおりである。

【 各ブランド戦略の例とメリット、デメリット 】

	例	メリット	デメリット
ライン拡張	コカコーラ ↓ クラシックコーク コカコーラ ゼロ コカコーラ ゼロフリー	・低リスクで新商品を投入可能 ・小売店に同じブランドで広い棚スペースを要求できる	・ブランドの持つ特定の意味を失う ・自社の他の製品を共食いしてしまう
ブランド拡張	ホンダ ↓ オートバイ ボート スノーモービル	・新しい製品がすぐに消費者に認知される ・広告宣伝費を節約できる	・失敗した場合に同一ブランドの他の製品にも影響する可能性がある ・新製品とブランド名が合わない場合がある
マルチブランド	ネスレ ↓ ネスカフェ キットカット	・その市場でシェアを獲得できる ・ブランド間でリスク分散できる	・売上が伴わない場合に、多数のブランドに経営資源をばらまくだけに終わる
新ブランド	松下電器 ↓ 製品カテゴリーごとに、ナショナル、パナソニック、テクニクスを使い分けた	・衰えた既存ブランドを新しいブランドで新たな市場開拓が可能	・新しいブランドを多く提供しすぎると経営資源が拡散して効果が薄くなる

❷ ブランド採用戦略

　「標的市場の相対的類似性」と「製品ライン間のイメージや競争地位の相対的類似性」という2つの軸でブランドの採用戦略を5つに分ける（次表参照）。

【 ブランド採用戦略のマトリックス 】

製品ライン間のイメージや競争地位の相対的類似性

出所：『競争優位のブランド戦略』恩藏直人著　日本経済新聞出版社

【 ブランド採用戦略の各ブランド 】

	標的市場	製品ライン間のイメージ	競合との相対的地位	特　徴
ファミリーブランド	同　質	同　質	同　質	統一ブランド、コーポレートブランドともいう。すでに成立している統一イメージで新製品の市場導入が容易となる。
ダブルブランド	同　質	異　質	異　質	共通ブランドで認知を高め、個別ブランドで品質やイメージを訴求する。
ブランドプラスグレード	異　質	同　質	同　質	ブランドに何らかの共通部分（統一ブランド）があることが望ましい。ただし、標的市場の違いを明確にしなければならないため、これはグレードによって対応する。
個別ブランド	異　質	異　質	異　質	個々の製品ラインの特徴を訴求できる。結果的に企業内の複数ブランドの競争が企業全体の業績向上につながる効果も期待できる。
分割ファミリーブランド	中　間	中　間	中　間	製品ライン群の共通性に応じて分類し、それぞれ異なったブランドをつける。

3 パッケージング計画

　パッケージとは商品の包装のことである。商品の保護、経済性、消費者に対する利便性の提供を考え、各種サイズをそろえ、開けやすく持ちやすい包装にすることが重要である。エコロジーの観点から簡易包装化なども進められている。また、消費者の注意を引き、購買意欲を喚起させる機能を持たせることもある。

　パッケージングの主な目的は、品質の保全・保護、取り扱いの利便性を高める、である。その他に製品差別化、販売促進の目的もある。

　パッケージングには、保護機能、ヘルパー機能、販売促進機能の3つの機能がある。

【 パッケージングの機能 】

機　能	内　容
保護機能	製品の破損・汚損・品質劣化・損失を防ぐ保護性、保存性、堅牢性を付加するもので、内装、外装が持つ機能である。
ヘルパー機能	作業や運搬に便宜性をもたらすとともに、再利用など二次使用性も発揮する。内装、外装が持つ機能である。保管、運搬、使用、購入、それぞれに対する利便性を付加する。
販売促進機能	陳列でのディスプレイ効果、消費者への訴求力、製品の使用、利用に関する情報を解説し、保証の表示、食品衛生法などの法律で認められた事項の表示、そして、他社製品と区別しやすくする機能などを有する。

追加 ポイント

メーカー主導のブランドをナショナルブランドと呼ぶ。それに対し、小売店、卸売業者が企画し、独自のブランドで販売する商品がプライベートブランドである。そのほかには、メーカーと小売店ないし卸売業者が共同開発し、両ブランドを併記することをダブルチョップと呼ぶ。ダブルチョップも含め、何かしらの人気ブランドと自社ブランドを組み合わせてブランド開発する戦略をコ・ブランディングと呼ぶ。平成30年度にも選択肢として登場しているため、覚えておこう。

論点15　プロダクト・ミックス

製品計画においては、製品ライン内のアイテム数を検討する必要がある。さらに、製品ライン数やブランド数など4つの軸を適切に調整し、プロダクト・ミックスを形成する。

1 製品ラインの構築

　ブランド計画、パッケージ計画という個々の製品に関する製品計画について説明してきた。しかし、製品戦略を立案するにあたり、製品ラインの構築も検討する必要がある。

　製品ラインとは、コトラーによると、「同じような機能を持っているか、同一の顧客グループに販売されているか、同じタイプの店舗を通じて販売されているか、特定の価格帯に属しているかという点で、密接な関わりを持っている製品グループ」と定義される。

　製品ラインを決める際には、製品ラインの長さ、つまり、ライン内のアイテム数をどのくらいにするのかを決定する必要がある。製品ラインの長さを増やす方法には、拡張と充実の2つの方法がある。

【 製品ラインの管理 】

	方法	内容	例
拡張	下方拡張	低い価格帯に参入	大型コピーのメーカーが小型市場に参入
	上方拡張	高い価格帯に参入	一般消費者向け電化製品のメーカーが住宅作りつけの高級電化製品市場に参入
	上下双方拡張	高低双方の価格帯に参入	一般のホテルが高級ホテルと、ビジネスホテルを別名で展開
充実		同一ライン内でアイテムを追加	携帯音楽プレーヤーに、防水タイプやスポーツ利用タイプなどを追加

❷ プロダクト・ミックス

プロダクト・ミックスとは、コトラーによると、「特定の売り手が買い手に販売する、あらゆる製品のライン及びアイテムのセット」と定義される。利益を最大化するためには、以下のプロダクト・ミックスの4つの軸を検討することが重要である。

【 プロダクト・ミックスの4つの軸 】

	意味	サントリーの例
幅	製品のラインの数	ビール・発泡酒、ウィスキー、ソフトドリンク、健康食品
長さ	製品のブランドの合計数	モルツ、金麦、角瓶、トリス、伊右衛門、C.C.レモン、セサミン
深さ	各製品のバリエーション	伊右衛門、伊右衛門濃い目、伊右衛門玄米茶、伊右衛門焙じ茶
整合性	各製品ラインがその最終用途、生産条件、流通経路その他においてどれだけ関連しているのか	「口に入れるもの」という意味で食品製造のノウハウを使用して製造という意味で整合性が高い。お酒と健康食品という流通経路や販売方法など整合性の高くない部分もある。

企業は商品戦略に応じて、上記の4つの軸を適切に調整し、プロダクト・ミックスを形成する。プロダクト・ミックスの整合性を考慮に入れて、販売、流通の方法も考えていくことになる。

追加 ポイント

小売店における「品揃え」の戦略にも、上記のようなプロダクト・ミックスの考え方は重要である。

令和2年度 第32問（設問2）製品ミックス

A 論点16 市場性評価とマーチャンダイジング

ポイント

製品開発は市場性評価に始まる。これに基づいて商品化計画を策定し、商品企画から販売までを行っていく。

1 市場性評価

　製品開発を成功に導くためには、自社を取り巻く環境を把握する必要がある。その際に、3C分析を用いると効率的に分析を行うことが可能になる。3C分析の3つのCとは、市場（Customer）、競合（Competitor）、自社（Company）であり、それぞれに対して分析を行う。

【 3C分析 】

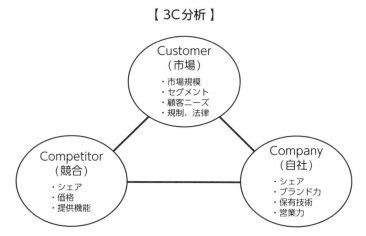

① 市場分析

　顧客が欲しい製品を開発できなければ、企業活動は成立しない。そこで、まずは、市場、つまり顧客の分析を行う。自社が展開する事業の対象となる市場が存在するかどうか、つまり、顧客が存在するかどうかを調査し、次に、その顧客のニーズを把握する必要がある。その観点で調査、分析を実施する。顧客のニーズは、営業担当者による顧客からのヒアリングや【論点7】で述べた市場調査などによって収集し、分析を行う。

② 競合分析

　市場の分析ができた時点で、提供する製品を競合他社も提供している場合は、

他社製品について分析を行う。提供されている機能、価格、市場占有率などを分析し、自社の製品を市場に出したときに他社製品との差別化ポイントは何になるのかを分析する。

③ 自社分析

自社で製品開発を行うために必要な経営資源の有無、製品として成功するための強み、弱みを分析する。

2 マーチャンダイジング

マーチャンダイジングは商品化計画を意味する。次図のようなプロセスで商品企画から販売までを行う。

【 マーチャンダイジング 】

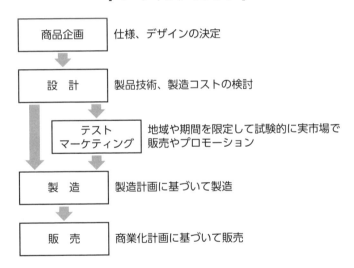

追加 ポイント

製品開発において顧客のニーズ把握は重要であるが、シーズを出発点とした新製品・新サービスの開発を行い、差別化を図っていく場合もある。

過去問

令和5年度 第30問 製品開発
令和4年度 第34問（設問1・2）製品開発
令和3年度 第30問 企業と消費者の共創
令和元年度 第32問（設問1）製品開発プロセス

論点17　価格計画の目的と設定要因

ポイント

価格とは、製品やサービスに対して消費者が支払う価値の総称である。価格決定は企業内部要因と外部環境要因を考慮して決定する。

1 価格の定義

コトラーは、価格を「製品やサービスに対して課された金額、あるいは製品やサービスの所有や利用から得られるベネフィットと好感に消費者が支払う価値の総称」と定義している。価格は4Pの中で唯一収益を生み出す要素である。他の要素（製品、流通、プロモーション）はすべてコストになる。

2 価格決定の検討要因

価格決定の検討要因には企業内部要因と外部環境要因がある。

【 価格決定の検討要因 】

出所：『コトラーのマーケティング入門』フィリップ・コトラー、ゲイリー・アームストロング著、恩藏直人監修、月谷真紀翻訳　ピアソン・エデュケーション

【 内部要因と外部要因 】

内部要因	マーケティング目的	市場におけるポジションをどのように考えるか
	マーケティング・ミックス戦略	4Pの価格以外の要因との調和、バランスを考える
	コスト	請求できる最低価格が決まる
	組織的要因	価格設定の決定権を誰が持つか
外部要因	市場と需要の性質	市場での状況（競争状態か独占、寡占状態か）、価格と価値に対する消費者の知覚（消費者がどの程度まで価格、価値を認めるのか）、需要の価格弾力性（価格の変動に需要がどの程度反応するのか）

外部要因	競　　争	競合他社のコスト、価格の状況
	その他の環境要素	経済情勢、規制、社会の利益

❸ 価格決定プロセス

　企業が設定する価格は、低すぎて利益の出ない価格と高すぎて需要を生むことのできない価格の間になる。その間でコストが価格の下限を決め、消費者の価値知覚が上限を決める。その間で競合他社の状況やその他の状況を考えて最終的に決定するのである。

【 価格設定における主要な考慮 】

出所：『コトラーのマーケティング入門』フィリップ・コトラー、ゲイリー・アームストロング著、恩藏直人監修、月谷真紀翻訳　ピアソン・エデュケーション

　企業は、上記の考慮すべき3つの要因（製品コスト、競合他社のコストやその他の内外要因、消費者の価値知覚）を含む以下の3つのアプローチから選択して価格を決定する。

- コスト基準型アプローチ
- 買い手志向型アプローチ
- 競争基準型アプローチ

次の論点では、この3つのアプローチについて説明する。

追加 ポイント

需要と価格の関係に関する理論については経済学で学ぶこと。

過去問
令和4年度　第29問（設問1）　価値と価格の関係
令和元年度　第31問（設問1）　需要の価格弾力性

論点18　一般的な価格設定アプローチ

ポイント

一般的な価格設定アプローチとして、コスト基準型、買い手志向型、競争基準型の3つがある。

1 コスト基準型アプローチ

コストに基づいた価格設定を行う。これには、コストプラス型価格設定と損益分岐点（目標利益）型価格設定の2つの方法がある。

① コストプラス型価格設定

原価に一定のマージン（利幅）を加えて価格設定を行う方法。次のような利点がある。

- 企業は需要に比較してコストのほうが確実に把握できるため、価格設定が容易に行える。
- 同業他社が同じ方法であれば、価格競争を最小化できる。
- 企業、消費者双方に公平であるとみなされる。

② 損益分岐点（目標利益）型価格設定

企業の収支が均衡するか、あるいは、目標の利益を得られるかにより価格を決める方法。価格が上昇すると需要は減少するため、価格が目標利益に必要な販売量に与える影響を考慮して、想定した価格で販売量を確保できるかどうかの検討が必要である。

2 買い手志向型アプローチ

企業側のコストではなく、買い手側（消費者）の知覚に基づいて価格を決定する方法。価値基準型価格設定ともいう。商品に消費者がどれだけの価値を見出すか、どれだけ需要があるかによって価格を決定し、その後に利益を確保できるかを検討する。

3 競争基準型アプローチ

競合他社の製品価格を基準にして価格を設定する方法である。現行レート価格（実勢価格）設定法と入札価格設定法がある。

① 現行レート価格設定法

現行レート価格は、「寡占状態では市場内は同一価格にする」「市場を主導する企業がある場合にはその価格より安価にする」など、競合企業と自社との関係などを考慮して決定する。

② 入札価格設定法

価格を競合する複数の企業が入札によって決定する方法である。最も低い価格の企業が受注する。

【 コスト基準型価格設定と価値基準型価格設定 】

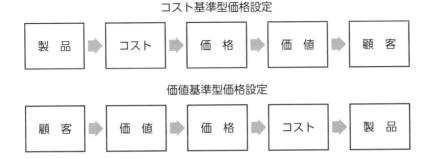

出所:『コトラーのマーケティング入門』フィリップ・コトラー、ゲイリー・アームストロング著、
恩藏直人監修、月谷真紀翻訳　ピアソン・エデュケーション

追加 ポイント

価値基準型価格設定の中で、小売レベルで重要な2つのタイプが以下である。
- エブリデー・ロー・プライシング (EDLP)
  日常的に低価格で商品を提供し、一時的な割引をほとんど、あるいは、まったく実施しない。
- ハイ・ロー・プライシング (H-LP)
  日常的に高価格を設定し、特定の品目に一時的にEDLP水準以下の価格をつける。

過去問　令和2年度　第29問 (設問2) 価格戦略

B 論点19　新製品の価格戦略

ポイント

> 製品ライフサイクルの導入期における価格戦略として、上澄み吸収価格戦略と市場浸透価格戦略がある。

1 上澄み吸収価格戦略（スキミングプライス）

　新製品を市場に導入する場合に、高い価格を設定し価格に敏感でない層の消費者を取り込む戦略である。市場から収益の上澄み部分を獲得する、という意味で上澄み吸収価格戦略と呼ぶ。

【 上澄み吸収価格戦略 】

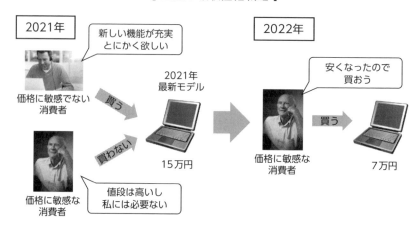

　上澄み吸収価格戦略は、以下のような条件の場合に採られる。

① 製品の差別化ができている

　他社製品と同じものをより高く売ることは困難である。

② 価格弾力性が小さい

　価格を安くしても需要はそれほど増えないが、高くしても需要はそれほど減らないことを意味する。

③ 参入障壁が高い

　競合他社が容易に参入できる市場で高価格を維持することは困難である。

　この戦略を採った場合、製品のライフサイクルで導入期を過ぎて競合が参入

してきたら、今度は価格を同業より下げて価格に敏感な消費者も引き込むことが可能である。

2 市場浸透価格戦略（ペネトレイティングプライス）

新製品を市場に導入する場合に、低い価格を設定し多数の買い手をすばやく獲得するという価格戦略である。迅速に対応することで、市場シェアを獲得し、規模の経済や経験効果による生産コストの低下により大きな利益を得ることができる。

【 市場浸透価格戦略 】

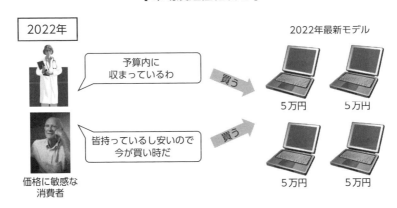

市場浸透価格戦略は、以下のような条件の場合に採られる。

① 製品が差別化しにくい

競合が参入しやすいため、導入当初に高い市場シェアを確保する必要がある。

② 価格弾力性が大きい

安くすると売上高が増加し、費用面では規模の経済により利益を増大させる。

③ 製品ライフサイクルが長いと見込まれる

導入当初に高いシェアを確保し、経験曲線効果で長期的に利益を得られる。

追加 ポイント

> スマートフォンなどの最新の電子機器は上澄み吸収価格戦略を採る場合が多い。

過去問

令和5年度　第4問　経験曲線効果／価格戦略
令和4年度　第29問（設問2）価格戦略
令和2年度　第29問（設問2）価格戦略

B 論点20 プロダクト・ミックスを考慮した価格戦略

ポイント

> 複数の製品を販売している場合、プロダクト・ミックスを考慮した価格戦略が必要である。主な方法として、製品ライン、キャプティブ製品、製品バンドルがある。

1 製品ラインの価格設定

　プライス・ライニングの価格設定ともいう。製品ラインに属する製品間のコストや消費者の価値評価の差、競合他社の価格など反映した価格設定を行う。企業側は設定した価格帯によって品質の差を消費者に知覚させることが可能になる。紳士服量販店の1万円、3万円、5万円均一のスーツなどの例がある。

【 製品ラインの価格設定 】

10,000円　　　　　30,000円　　　　　50,000円

2 キャプティブ製品の価格設定

　キャプティブとは「捕虜」という意味である。メインの製品の価格を安くし、付随品の製品価格を相対的に高くして利益を得ようとするものである。プリンターを安く販売し、交換のインクを相対的に高価にするなどの例がある。

3 製品バンドルの価格設定

　企業側が自社の複数商品を抱き合わせで販売する。個別に購入するよりセットで購入したほうが安価になることで、両方を消費者に販売することが可能になる。あらかじめOSや文書作成、メールなど通常使用するソフトウェア製品がインストールされて販売されるパソコンなどの例がある。

【 キャプティブ製品の価格設定 】

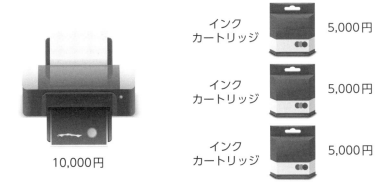

インク
カートリッジ　　5,000円

インク
カートリッジ　　5,000円

インク
カートリッジ　　5,000円

10,000円

【 製品バンドルの価格設定 】

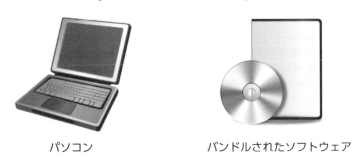

パソコン　　　　　　　バンドルされたソフトウェア

追加 ポイント

上記の他に主製品にオプションとして製品や添付品を販売する、オプション製品
の場合の価格設定がある。自動車を買う消費者がオプション製品としてカーコン
ポやカーナビを追加で購入するなどがその例である。

A 論点21 その他の価格設定

ポイント

これまで述べてきた以外にも、顧客の状況などによりさまざまな価格設定の方法がある。主な方法として、割引、心理的、販売促進型の3つが挙げられる。

1 割引による価格設定

割引とは購入時に価格を直接割り引くことである。以下のような種類がある。

① 現金割引

現金で支払う顧客に対して行う割引である。企業の手形や消費者のカードなどでの支払いに対し、現金で支払う場合に割引を行う。企業側から見ると不良債権のリスクや回収コストを節約できる。

② 数量割引

大量に購入した顧客に対し価格を割り引くことである。企業側から見ると一度に大量の商品が売れるため、販売、在庫、運送の各費用を節約できる。

③ 機能割引

業者割引ともいわれ、取引途中の各段階（販売、輸送、保管など）の業者にはエンドユーザーよりも割り引いた価格で販売する。

④ 季節割引

オフシーズンに製品やサービスを購入する消費者に対する割引である。航空会社や観光ホテルなどは、客足が鈍る時期に割引価格で販売する。また、スキーや水着などある季節にしか売れない商品もオフシーズンには割引で販売することがある。季節割引により、企業側は需要の変動による損失（空席、空室、売れ残り分の在庫や廃棄の費用）を最小限に抑えることができる。

⑤ アローアンス

メーカーが流通業者に行う割引。流通業者がメーカーの広告や販売促進に参加した場合に割引で還元（報酬、値引）する方法である。

2 心理的価格設定

価格の心理的な側面を考慮に入れた価格設定の方法である。代表的なものを3つ挙げる。

① 端数価格

198円など「8」「9」といった端数が設定された価格のことである。人間は端数を見ると割安に感じることを利用している。

② 慣習価格

消費者がある製品に対して慣習的に決めている価格のことである。その価格を超えると需要が激減する。たとえば、自動販売機の缶コーヒーは常に同じ価格で販売される。

③ 名声価格（威光価格）

ステータスやイメージを保つために付けられる価格である。ブランド品のバッグや時計など、ぜいたく品や高級品に用いられることが多い。高価格のほうが品質が良いと判断されることが多いため、価格を一定の水準以下にすると需要が減ってしまう。

❸ 販売促進型価格設定

販売促進のために一時的にコスト以下の価格で販売する方法である。代表的なものは以下の2つである。

① 目玉商品価格設定

特売品として安い価格の商品を販売し、顧客を店舗に呼び寄せ他の通常価格の商品を購入させることを狙う方法である。たとえば、通常1パック200円で売る卵を「タイムセールで150円」という形で販売する。

② 特別催事価格設定

特別な季節や時期に価格を引き下げる方法である。たとえば、「年末セール」や「○○優勝記念セール」などである。

追加 ポイント

商品やサービスの需要と供給の状況に合わせて価格を変動させるダイナミック・プライシングという価格戦略もある。ビッグデータやAIの活用などにより、これまで以上に利益最大化を追求できるようになっている。

過去問

令和4年度　第29問（設問1）　価値と価格の関係
令和4年度　第29問（設問2）　価格戦略
令和3年度　第32問（設問1）　サブスクリプション・サービス
令和3年度　第32問（設問2）　ダイナミック・プライシング

論点22 流通チャネルとは何か

ポイント

流通チャネルとは、製品を生産者から消費者に届ける経路を指す。流通チャネルには、消費者の需要に合わせて製品を効率よく届ける役割がある。

1 流通チャネルの定義

流通チャネルについて、コトラーは「消費者や企業ユーザーが使用したり消費したりする製品やサービスを、彼らの手の届くようにするプロセスに関わる組織の集合体」と定義している。つまり、生産者から消費者に届くまでの経路を指す言葉である。

2 流通チャネルの目的

流通チャネルでは、生産者と消費者の間に卸売業者や小売業者といった仲介者を置く。仲介者を置くことのメリット（流通チャネルの目的）は以下である。

① 生産者、消費者の効率性向上

生産者がすべての消費者に1対1で対応していたのでは、効率が悪い。そこで、生産者と消費者の間に仲介者を置くことでそれぞれの接触数を減らし、効率性を向上させることができる。

【 生産者、消費者の効率性向上 】

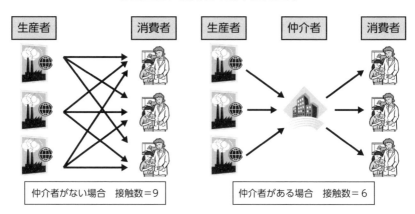

② 生産者と消費者の需給の一致

生産者は少品種の製品を多量に生産し、消費者は多品種の商品を少量購入す

る。仲介者を間に置くことで、生産者と消費者の需給を一致させることができるのである。

【 生産者と消費者の需給の一致 】

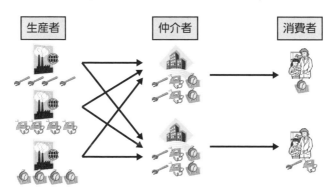

𝟛 流通チャネルの機能

流通チャネルの機能は主機能と販売支援機能に分かれる。

【 流通チャネルの機能 】

主機能	調査、情報	マーケティング情報を集め、生産者に伝達する
	プロモーション	販売促進を行う
	コンタクト	潜在顧客を発掘し接触する
	マッチング	顧客ニーズに合わせて調整する
	交　渉	価格や取引条件の合意を得る
販売支援機能	ロジスティック	輸送と保管
	ファイナンス	資金調達と分配
	リスク分散	リスクを想定する

追加 ポイント

流通チャネルの構築においては、最適なチャネルの長さ（経路内の仲介者の数）を保つことが重要である。

過去問　令和5年度　第31問（設問1）　チャネル戦略（間接流通チャネル）

論点23 チャネルの統合

ポイント

伝統的な流通チャネルに対して、生産者・卸売業者・小売業者を統合した垂直的マーケティング・システムがある。

1 垂直的マーケティング・システム (VMS) とは

　今までの伝統的な流通チャネルは、生産者・卸売業者・小売業者がそれぞれ独立して、自らの利益を最大化するように動くため、チャネル全体で見た場合にうまく機能しない場合があった。そこで、この伝統的な流通チャネルに対抗する形で、生産者・卸売業者・小売業者が統合された形で機能する垂直的マーケティング・システム (VMS) が登場した。VMSは、規模や交渉力、重複するサービスの排除により経済効率を高めようとしたものである。

【 伝統的流通チャネルと垂直的マーケティング・システム 】

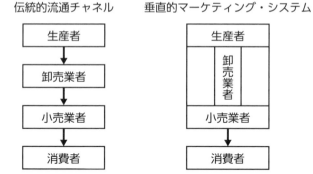

出所：『コトラーのマーケティング入門』フィリップ・コトラー、ゲイリー・アームストロング著、恩藏直人監修、月谷真紀訳　ピアソン・エデュケーション

2 VMSの種類

　VMSは次の3種類がある。

① 企業型VMS

　特定の企業の下に生産から流通までの一連の段階が結合されたVMSである。チャネル統制力は強いが、維持・管理コストがかかり、投資負担も大きい。また市場環境の変化に柔軟に対応しにくいというリスクもある。コーポレート・

チェーンやレギュラー・チェーンとも呼ぶ。

② 契約型VMS

VMSの各段階を複数の企業で構成し、各々の企業が契約の下に統合されている。ボランタリー・チェーン（VC）、フランチャイズ・チェーン（FC）があり、VCは、小売業主宰（コーペラティブ・チェーン）、卸売業主宰（ボランタリー・ホールセラー）に分けられる。商品力やノウハウなどの経営資源を有するチャネル・リーダーが中心となり、商品・ノウハウ・技術などの共有（特にFC）や共同仕入れ等による規模の経済の追求（特にVC）を図るシステムである。

③ 管理型VMS

チャネル・リーダーが、法人格として独立した各企業を資本の共有や契約によらずに組織化し、自らの目標に沿って管理・統制するシステムである。特約店や代理店がこれにあたる。他のシステムに比べて最も資本投下が少なく、VMSの中では最も市場取引に近い形態である。その分、チャネル・リーダーの統率は緩やかになり、目標の共通化なども限定的である。

【 VMSの種類 】

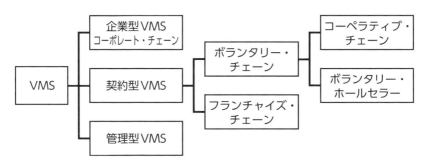

追加 ポイント

日本におけるチャネル・リーダーは戦前までは卸売業者が、戦後、高度成長期に入ると大量生産体制を確立したメーカーが、そして近年では、広域に展開し大量の仕入と販売を行う組織小売業がその位置を占めるようになっている。

過去問 過去5年間での出題はない。

論点24 チェーン組織

ポイント

VMSではさまざまなチェーン組織が存在する。主なものとして、コーポレート・チェーン、フランチャイズ・チェーン、ボランタリー・チェーンがある。

■ コーポレート・チェーン（レギュラー・チェーン）

1つの企業（資本）で多数の店舗を直営方式で展開する大規模小売業をいう。本部（本社）主導で人材管理、財務管理を行い、各店舗は本部の指示で運営を行う。

■ フランチャイズ・チェーン

本部（フランチャイザー）は加盟店（フランチャイジー）と契約を結び、自己の商標や経営のノウハウを用いて同一のイメージのもとに商品の販売その他の事業を行う権利を与える。一方、フランチャイジーはその見返りとして一定の対価（ロイヤルティ）を支払い、事業に必要な資金を投下してフランチャイザーの指導および援助のもとに事業を行う形態である。

■ ボランタリー・チェーン

フランチャイズ・チェーンより結合力が弱く、多数の独立した小売事業者が連携・組織化し、商標使用・仕入・物流などを共同化し、これを行う形態である。主宰者により以下の2つに分かれる。

① 小売業主宰（コーペラティブ・チェーン）

小売店同士が共同で本部組織を設け、仕入・在庫管理・情報管理を行う。

② 卸売業主宰（ボランタリー・ホールセラー）

卸売業が主宰となって、複数の加盟店に対し、商品供給、社員教育、経営支援などのリテールサポートを行い、さらに個々の加盟店をチェーン化してブランド力を高め、チェーン全体の活性化を目指す。

【 チェーン組織 】

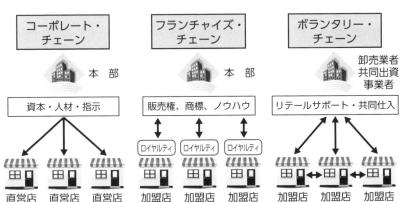

【 各チェーン組織の違い 】

	コーポレート・チェーン	フランチャイズ・チェーン	ボランタリー・チェーン
本部と店舗の関係	直営 (単一資本)	フランチャイザーとフランチャイジー (資本は独立)	各々が独立して連携 (資本は独立)
本部の統率力	強い	権利とノウハウの提供	弱い
経営の自主性	なし	独立しているが、ロイヤルティの支払義務あり	各事業者は独立
メリット	本部主導で全店舗一括で管理を行うことができ、効率の良い運営が可能	(本部) ・急速な店舗展開が可能 ・特約料などの収入 (加盟店) ・仕入、配送・陳列・接客のノウハウを利用することができる ・出店が比較的容易	仕入単価の引き下げや経営の効率化を図ることが可能

追加 ポイント

現在、ボランタリー・チェーンは一時期よりその数を減らしている。チェーンでも事業者によって営業方針などがバラバラで、メリットを感じにくいこともある。しかし、フランチャイズ・チェーンの契約上の制約から、比較的緩やかなボランタリー・チェーンに加入する業者も少なくない。

過去5年間での出題はない。

B 論点25 流通チャネル政策

ポイント

伝統的な流通チャネル政策として、開放的、選択的、閉鎖的の3つの政策がある。

1 開放的チャネル政策

　自社製品の販売先を限定せずに、できるだけ多くの店舗で販売する政策である。日常的に使用する加工食品や日用雑貨などは、消費者が求めるときに容易に手に入るように、この政策で流通させる。

2 選択的チャネル政策

　自社製品の取り扱いを希望する1社以上の流通業者に卸して販売する政策である。販売者の販売力や資金力、協力度、競合製品の取り扱い状況などに応じて、流通チャネルを選定する。

3 閉鎖的チャネル政策

　取引先を慎重に選定し、その地域での独占販売権を与える代わりに、同業者製品の取り扱いを禁じる政策である。排他的チャネル政策、専属的チャネル政策ともいう。この場合の販売店は代理店や特約店と呼ばれる。

【 伝統的な流通チャネル 】

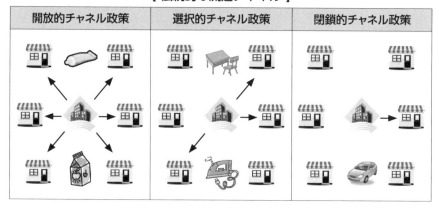

【 各チャネルの比較 】

	開放的チャネル政策	選択的チャネル政策	閉鎖的チャネル政策
メリット	• 一気にシェアの拡大ができる	• 適度にコントロールができる	• チャネルをコントロールしやすく、販売管理が容易になる
デメリット	• チャネルのコントロールが難しい • 販売経路が複雑になる • 価格競争による価格下落やイメージダウンの可能性あり	• 開放的チャネル政策に比べるとシェア拡大のスピードは遅い	• チャネル維持のコストが大きくなりがち • 流通チャネルが主体的に販売をしなくなる場合あり

追加 ポイント

流通チャネル戦略は、商品特性や消費者の嗜好などを考慮に入れて立案することが大切である。VMSも含めて、各々のチャネル戦略の特徴を押さえておきたい。

過去問

令和5年度　第31問 (設問2)　チャネル戦略 (D2C)
令和4年度　第30問　チャネル戦略
令和3年度　第31問　流通政策

論点26　物流

ポイント

物流の効率性は顧客満足と企業コストに影響する。主要な物流機能として、受注処理、保管、在庫管理、輸送がある。生産から消費までの一連の流れを最適化する手法として、サプライチェーン・マネジメントがある。

1 物流とは

物流を単純に倉庫とトラック輸送のことだけ、と考えるのではなく、顧客満足と企業コストの改善に貢献するものと捉え、マーケティング活動の一環としてその戦略を考える必要がある。

コトラーは、物流を「利益を確保しつつ顧客の要求に応えるために、原材料や最終製品とそれに関わる情報の起点から消費地点に至るまでの物流を計画、実行、コントロールする活動」と定義している。

2 主要な物流機能

① 受注処理

受注後、注文は迅速に処理する必要がある。現在ではオンライン化が進み、受注後、すぐに発注の処理が進む場合が多い。

② 保管

製造されてから実際に販売されるまで、企業は製品を保管する必要がある。そのためには、倉庫の数、種類、場所を決めなければならない。倉庫の数が多ければ、顧客に迅速に配送できるが、それだけコストもかかるのである。

倉庫には、中・長期の製品保管に使用する貯蔵倉庫と、短期間で流通を円滑に進められるようにした流通センターの2種類がある。流通センターは、さまざまな工場や供給業者から製品を受け入れ、効率よく製品を在庫し、できるだけ早く顧客に配送するために高度に自動化されている。

③ 在庫管理

在庫管理は多すぎず、少なすぎず、適正な水準を維持することが重要である。在庫過剰は在庫保管コストの増大を招き、在庫切れは販売機会の損失を招く可能性がある。

④ 輸送

　輸送手段の選択も重要である。鉄道を使うのか、トラックを使うのか、海外に運ぶには飛行機か船か、など、価格や納期、運ぶ量などを考慮に入れて検討する。

❸ サプライチェーン・マネジメント

　原材料、部品の調達から生産、物流、販売という、生産から最終需要（消費）に至る商品の流れを供給の鎖（サプライチェーン）と捉え、それに参加する部門・企業の間で情報を相互に共有・管理すること。ビジネスプロセス全体の最適化を目指す経営手法である。

【 サプライチェーン・マネジメント 】

追加 ポイント

ある企業のロジスティクスの全体もしくは一部を、第三の企業に委託する「サード・パーティー・ロジスティクス（3PL）」を利用することで物流の効率化を実現しようとする動きもある。

 過去5年間での出題はない。

論点27　プロモーション戦略

> 商品を販売する際に顧客との良好な関係性を構築するためには、適切なプロモーション戦略が必要である。プロモーションは、広告、人的販売、販売促進、PRを組み合わせて実施する。

■ プロモーション・ミックス

　プロモーションとは、消費者や流通チャネルにおける仲介者に対して自社の製品の購買を働きかけるコミュニケーション活動であり、マーケティング・コミュニケーションともいう。プロモーションは、広告、人的販売、販売促進、PRの4つのツールを組み合わせて行われ、その組み合わせをプロモーション・ミックスという。

【 マーケティング・コミュニケーション 】

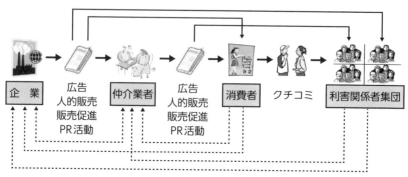

出所：『コトラーのマーケティング入門』フィリップ・コトラー、ゲイリー・アームストロング著、恩藏直人監修、月谷真紀翻訳　ピアソン・エデュケーション

① 広告

　製品やサービスに対する需要を喚起・維持することや、製品・サービスの提供者に好意を持たせることを目的として、新聞・テレビなど有料の媒体により、買い手や利用者に対して情報やメッセージを届ける活動である。

② 人的販売

　営業担当者や販売員による、顧客に対する直接的な営業販売活動である。店頭での試食販売や訪問販売などがこれにあたる。

③ 販売促進 (セールスプロモーション)

製品やサービスの購入や販売を促進するための短期的なインセンティブ（誘引）活動である。サンプル、クーポン、値引き、ポイントカードなどがこれにあたる。

④ PR (パブリックリレーションズ)

企業などが周囲（個人・集団・社会）から理解と信頼を獲得し、良好な関係を形成・維持していくために行う一連の活動である。パブリシティやIR（インベスターズリレーションズ）などがこれにあたる。

☑ プッシュ政策とプル政策

企業はプロモーション・ミックスの戦略として、プッシュ政策かプル政策のどちらか、あるいは両方の政策を選択する。

① プッシュ政策

小売業者や卸売業者などに対してプロモーションを実施し、製品が店頭に出て消費者に積極的に販売してもらえるように働きかける戦略である。知名度のない商品やある程度説明の必要な商品など、店頭での販売が重要な商品を販売する際にとられる政策である。ルートセールスやリベートを実施する。

② プル政策

多額の広告費用をかけて、商品の認知度、消費者の需要を高め、その商品を指名して購入するように働きかける政策である。ブランド名で選択されやすい商品に有効である。広告、パブリシティ等を用いたプロモーションを実施する。

【 プッシュ政策とプル政策 】

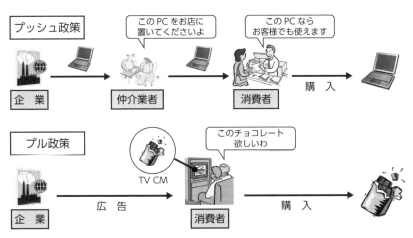

3 プロモーション戦略と製品ライフサイクル

プロモーションの、4つのツールの目的は、製品ライフサイクルの段階によっても異なってくる。

【 製品ライフサイクルごとのプロモーション 】

	導入期	成長期	成熟期	衰退期
広　告	製品の認知度向上	製品のブランド力の向上	すでにブランド認知はできているので、注意喚起のみ行う	根強いファンに思い出してもらう程度
人的販売	製品を置いてもらう小売業者の獲得	小売業者に多くの商品を置いてもらう	他社との差別化を訴求。棚の維持	現状維持
販売促進	早い試用を促す	縮小	広告効果の下がった分を販売促進で補う	根強く続ける
Ｐ　Ｒ	製品の認知度向上	製品のブランド力の向上	再認知の喚起	打ち切り

【 消費財と生産財のプロモーション 】

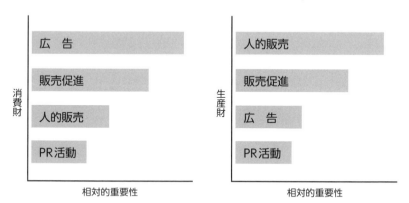

出所：『コトラーのマーケティング入門』フィリップ・コトラー、ゲイリー・アームストロング著、
恩藏直人監修、月谷真紀翻訳　ピアソン・エデュケーション

追加 ポイント

プロモーションの、4つのツールの重要性は、その商品が消費財か生産財かによっても違ってくる。消費財では通常、プル戦略を重視し、広告、販売促進、人的販売、PRの順番に力を入れる。生産財では、通常、プッシュ戦略を重視し、人的販売、販売促進、広告、PRの順番になる。（左図参照）

過去問

過去5年間での出題はない。

論点28 人的販売

ポイント

人的販売とは、顧客に対する直接的な営業販売活動のことである。顧客志向のアプローチで、顧客との双方向のコミュニケーションを行う。

１ 役割

　人的販売とは、営業担当者や販売員が顧客に対して行う直接的な営業販売活動のことである。営業担当者は顧客に直接会い、商談を通じて顧客との双方向のコミュニケーションを行う。そうした活動は同時に、競合製品に関する情報や自社製品についての顧客の不満や要望を把握する機会となる。

　営業担当者の役割は以下のようなものである。

① 製品の売り込み

　製品の説明などを通じで製品の内容を説明し、顧客に製品を売り込む。

② 取引先の支援

　取引先が、その製品やその製品から作ったものを販売する際に、取引先の販売を支援する。

③ 関係部署へのフィードバック

　市場の声を関係部署に迅速にフィードバックする。

２ 販売員の種類

　販売員は以下のように分けられる。

① オーダーゲッター

　新規顧客の開拓を行う販売員である。面会、提案の活動を通じて商品を新規の顧客に販売する販売員である。

② オーダーテイカー

　既存の取引関係の維持を図る販売員である。いわゆる「御用聞き」として既存顧客の要望に応じて販売を行う販売員である。

③ ミッショナリーセールスマン

　卸売業者や小売店を回って、自社製品に対する好意を高め、需要を刺激するための援助をする。なかでも卸売業者の販売員の指導、訓練が重要な任務と見

なされている。医薬業界ではプロパーと呼んでいる。

④ コミッションマーチャント

　販売または購買に関する委託を受けて、その活動に対して一定のコミッション（手数料）を受け取る販売員である。

❸ プロセス

　人的販売の場合、顧客志向のアプローチで行う方法が大半である。次図に人的販売のプロセスを示す。

【 人的販売プロセス 】

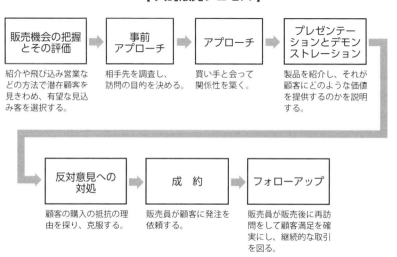

出所：『コトラーのマーケティング入門』フィリップ・コトラー、ゲイリー・アームストロング著、恩藏直人監修、月谷真紀翻訳　ピアソン・エデュケーション

追加 ポイント

人的販売は新規販売が中心であったが、近年、既存顧客との強力で価値のあるリレーションシップ（関係性）構築の重要性がいわれるようになってきた。

過去問　過去5年間での出題はない。

A 論点29 広告

ポイント

広告と呼ばれるためには3つの条件が必要である。広告は目的によって、情報提供型、説得型、リマインダー型に分かれる。

1 広告の定義

コトラーは、広告を「明示された広告主によるアイデア、財、サービスに関する非人間的な提示とプロモーション」と定義している。広告と呼ばれるためには以下の3条件が必要である。

　① 広告媒体が管理可能であること

　② 非人的なメッセージであること

　③ 明示された広告主が行うこと

2 広告の種類

広告は目的によって以下の3つの種類に分類される。

① 情報提供型広告

製品導入期における広告で、製品を認知・理解してもらい需要を喚起することが目的となる。製品の良さ、使い方、価格といった製品情報が中心である。

② 説得型広告

成長期における広告で、競合他社が増えた段階で競争に勝ち残っていくため、自社ブランドを選択してもらうことが目的となる。そのための手法としては比較広告が代表的である。比較広告は他社製品と比べることで自社製品の優位性を示す。

③ リマインダー型広告

文字とおり自社ブランドを忘れさせないための広告で、リマインダー型広告とは、成熟期の製品に対し、構築してきたブランド・ロイヤルティを維持することが目的である。

3 広告媒体

広告の媒体を選択する場合には、各媒体のリーチ（到達範囲）、フリークエンシー（露出頻度）、媒体インパクト（メッセージ露出の質的価値）を把握して、目的に応じて最適な媒体を選択する必要がある。

主な広告媒体とその長所、短所を以下に示す。

【 主な広告媒体 】

媒体	長所	短所
新聞	柔軟性、時間に限定されない、地元市場をよくカバーする、幅広い受容、高い信憑性	短命、再生の質が悪い、回覧読者が少ない
テレビ	大衆消費者市場をよくカバーする、映像・音・動きを統合、五感に訴える	きわめて高コスト、雑多な広告が氾濫、露出が短い、対象の選択が困難
ダイレクトメール	対象を選べる、柔軟性、同一媒体で広告競争がない、個人化できる	1回の露出が比較的高コスト、「くずかご行き」のイメージ
ラジオ	地元でよく受け入れられる、地理的、人口動態的に選択できる、低コスト	聴覚のみに訴える、露出が短い、注目を引きにくい(「聞き流される」媒体)、視聴者が少ない
雑誌	地理的、人口動態的に選択できる、信憑性・信望が高い、再生の質が高い、寿命が長い、回覧読者が多い	広告が出るまでのリードタイムが長い、高コスト、掲載位置の保証がない
屋外広告	柔軟性がある、繰り返し露出される、低コスト、メッセージ伝達に競争が少ない、位置を選べる	対象の選択が困難、クリエイティブ面で限界がある

出所:『コトラーのマーケティング入門』フィリップ・コトラー、ゲイリー・アームストロング著、恩藏直人監修、月谷真紀翻訳　ピアソン・エデュケーション

追加 ポイント

新しい広告媒体として、CGM (Consumer Generated Media) が注目されている。CGMとは、インターネットなどを活用して消費者が内容を生成していくメディアで、個人の情報発信をデータベース化、メディア化したWebサイトのことである。商品・サービスに関する情報を交換するものから、単に日常の出来事をつづったものまでさまざまなものがあり、口コミサイト、Q&Aコミュニティ、ソーシャル・ネットワーキング・サービス (SNS)、ブログ、COI (Community Of Interest) サイトなどがこれにあたる。

過去問

令和5年度　第33問　コミュニケーション戦略
令和3年度　第33問　インターネット広告
令和3年度　第35問 (設問1)　広告
令和2年度　第30問　広告戦略

論点30 販売促進、PR

ポイント

販売促進とは、製品やサービスの購入や販売を促す短期的なインセンティブである。PRとは、企業のさまざまな関係集団と良いリレーションシップを形成するための諸活動である。

1 販売促進の定義

コトラーは、販売促進を「製品やサービスの購入もしくは販売を促す短期的インセンティブ」と定義している。広告が製品やサービスを買う理由を提供するのに対して、販売促進は「いま」買う動機を提供する。

2 販売促進の種類

販売促進は目的別に以下の4つの種類がある。

① 対消費者向けプロモーション

短期的な売上向上を狙い、消費者に対し直接行うプロモーションである。

② 対流通業者向けプロモーション

小売業者や卸売業者に向けて、自社ブランドの取り扱いや売場スペースの確保、広告の促進などを働きかけることを意図して行うプロモーションである。

③ 対社内向けプロモーション

社内の販売部隊のメンバーに対して、顧客開拓を奨励することを目的に実施するプロモーションである。

④ 対企業プロモーション

展示会やコンテストなどの開催を通じて、対企業に向けて取引の拡大を狙ったプロモーションである。

3 販売促進の手段

販売促進の手段を以下にまとめる。

【 販売促進の手段 】

手段		内容
対消費者	サンプル	試供品を無料で配布する。
	クーポン	クーポンと引き換えに割引を行う。

	プレミアム	商品購入時におまけ（景品）を提供する。
対消費者	ノベルティ	広告主入りの実用品を消費者にプレゼントする。
	POP (Point of purchase Promotions)	ディスプレイやデモンストレーションを購入あるいは販売時に実施する。
	コンテスト、懸賞、ゲーム	消費者のちょっとした労力で、現金や賞品を与える。
対流通業者	割引	指定期間中の購入に対し直接値引きする。
	アローアンス	販売促進費を小売業者が広告をする見返りに渡す。
対社内	社内向けコンテスト	販売実績の高い販売員を表彰し、副賞などを授与する。
	セールスマニュアル	商品の販売のための手引書である。
企業向け	展示会	会場を借りて商品を展示しデモや説明を行う。
	コンテスト	販売実績の高いディーラーを表彰し、副賞などを授与する。

出所：『コトラーのマーケティング入門』フィリップ・コトラー、ゲイリー・アームストロング著、
恩藏直人監修、月谷真紀翻訳　ピアソン・エデュケーション

❹ PRの定義

PRとは、Public Relationsの省略である。コトラーは、PRを「好意的な評判を得て『企業イメージ』を築き、悪い噂や事件を未然に防いで、企業のさまざまな関係集団と良いリレーションシップを形成すること」と定義している。ニュースを流す、幹部がスピーチをする、イベントの協賛をする、社会貢献活動に参加したり寄付をしたりする、などの行為を通じて企業の評判を高める活動である。

追加 ポイント

来店頻度の向上のため、ポイント制度、スタンプ制度、マイレージ制度といった、ポイントを貯めてその分次回購買から割引を行う販売促進の手段が多く利用されている。

過去5年間での出題はない。

論点31 関係性マーケティングとCRM

> 関係性マーケティングとは、企業と顧客との間に築かれる関係性に着目したマーケティング手法である。CRMとは、個々の顧客の情報を活用し、顧客満足度の最大化と顧客生涯価値の最大化を狙う手法である。

1 関係性マーケティングの定義

関係性マーケティングは、リレーションシップマーケティングとも呼ぶ。コトラーは、「顧客や他の関係者との間に、強力で価値あるリレーションシップを構築し、維持し、促進するプロセス」と定義している。1回ごとの取引で最大の収入を得ることよりも、顧客に満足感を与えることで次回の取引を行う可能性の向上を図り、長期的な利益増加を重視している。

企業は顧客との長期的な関係性を通して顧客のニーズを把握した後、それを満たす製品、サービスを開発し、提供後は、メンテナンス、アップデートを通じて関係性を維持していく。

2 関係性マーケティングの目的

関係性マーケティングの目的は、顧客ロイヤルティ（忠誠度）の向上を図ることで顧客にリピーターになってもらうことである。成熟市場において新規顧客の獲得が困難な状況で、既存顧客との長期的な関係を維持していくほうが低コストであるためである。企業側は顧客のニーズをデータベースで管理し、定期的な顧客へのアプローチを行う。

関係性マーケティングの考え方の背景には、20－80の法則（パレートの法則）（顧客のうち上位20%の優良顧客が全体の売上の80%をもたらす）がある。

3 CRM

CRMとは、Customer Relationship Managementの略で、「情報システムを応用して企業が顧客と長期的な関係を築く手法」と定義される。さまざまな販売チャネルを通じた顧客のコンタクト（接触）や取引の履歴情報を顧客データベースで一元管理することにより実現する。

コールセンターなどで、管理された情報をもとに対応することで、顧客の要求に応じた対応が即座に可能になる。また、顧客のニーズに合う商品を上手に薦めたり、取引状況に応じ割引をしたりする場合もある。

❹ 顧客資産価値

顧客資産価値とは、顧客生涯価値（1人の顧客が生涯で購入するその企業の製品やサービスの合計金額）の全顧客の合計である。CRMの考え方では、1回限りの顧客単価ではなく、生涯価値で顧客を捉える。

【 マーケティングの潮流 】

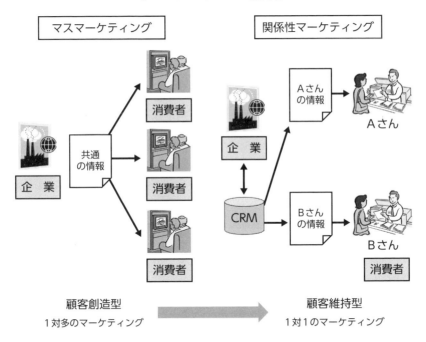

5 顧客の層別分析手法

　効果的・効率的にマーケティング施策を展開するために、顧客を層別に分類して対応することがある。その際に、優良顧客や離反候補顧客を把握するための分析手法として、以下のようなものがあげられる。

① デシル分析

　デシル分析とは、すべての顧客を購入金額の多い順に10等分し、各グループの購入金額比率や上位グループから任意のグループまでの累積購入金額比率などを算出して分析する手法である（「デシル」はラテン語で「10等分」を意味している）。比較的簡単に取り組めるため、顧客分析の第一歩に取り組むこともある。

　過去の2次試験（平成26年度事例Ⅱ）でも問われている論点である。

【 デシル分析例 】

（単位：千円）

デシル	人数	客単価	デシル総購入金額	デシル購入金額比率	累計購入金額	累積購入金額比率
1	200	55.2	11,036	29.4%	11,036	29.4%
2	200	39.8	7,958	21.2%	18,995	50.6%
3	200	29.7	5.931	15.8%	24,926	66.4%
4	200	25.9	5,180	13.8%	30,106	80.2%
5	200	13.3	2,665	7.1%	32,772	87.3%
6	200	9.9	1,990	5.3%	34,761	92.6%
7	200	4.9	976	2.6%	35,737	95.2%
8	200	3.6	713	1.9%	36.450	97.1%
9	200	3.2	638	1.7%	37.089	98.8%
10	200	2.3	450	1.2%	37,539	100.0%
合計	2,000	−	37,539	100.0%	37,539	−

② RFM分析

RFM分析は、顧客を「最新購買日(Recency)」、「購買頻度(Frequency)」、「購買金額(Monetary)」の3つの指標で分析する手法である。「最新購買日(Recency)」は、現時点に近いほうが再購入される可能性が高いと考えられる。「購買頻度(Frequency)」および「購買金額(Monetary)」は、数値が高いほうがよい顧客と考えられる。RFMは、デシル分析より詳細な分析が可能ではあるが、運用が複雑な点や各指標のランクをどう区切るかで分析結果が変わってしまう点などに注意が必要である。

【追加】【ポイント】

マーケティングは1対多の「マスマーケティング」中心から1対1の「関係性マーケティング」中心に移行している。また、2次試験事例IIの論点となることも多い。

論点32　サービスマーケティング

ポイント

> サービスのマーケティングにおいては、サービスの特性（無形性、不可分性、変動性、消滅性）を理解し、サービスを提供する従業員の満足度を高めることが重要である。

1 サービスの特徴

　コトラーは、サービスを「一方が他方に対して提供する行為やパフォーマンスで、本質的に無形で何の所有権ももたらさないもの」と定義している。サービスに関してのマーケティングを行う際には、サービスの特徴である、無形性、不可分性、変動性、消滅性の４つを理解する必要がある。

【 サービスの４つの特徴 】

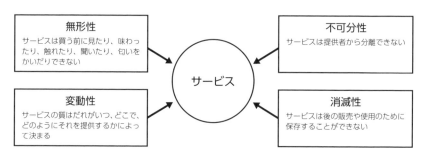

出所：『コトラーのマーケティング入門』フィリップ・コトラー、ゲイリー・アームストロング著、
恩藏直人監修、月谷真紀翻訳　ピアソン・エデュケーション

2 サービスマーケティング

　サービス企業が利益を出すためには、従業員満足が顧客満足を生み、それが売上・利益につながるというサービスチェーンを理解する必要がある。

　そのサービスチェーンを生み出すために、以下の３つのマーケティング活動が必要である。

① エクスターナルマーケティング

　企業が顧客に対して行うマーケティングである。具体的には、お客の嗜好に合わせた店舗の雰囲気づくり、予約制度の導入、サービス内容のメニュー化などである。

② インターナルマーケティング

　企業が接客を行う従業員に対して行うマーケティングである。具体的には、教育やマニュアルの作成、モチベーションを向上させるための施策などである。

③ インタラクティブマーケティング

　従業員が顧客に対して行うマーケティングである。顧客と従業員の良好な関係を築くことを目的とする。具体的には、顧客の要望に応じたサービス内容のカスタマイズや従業員と顧客の間で交わされる日常会話などである。

【 サービスチェーン 】

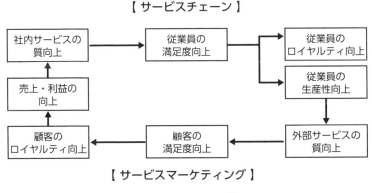

【 サービスマーケティング 】

追加 ポイント

令和元年度にサービスの特徴について出題されており、過去には2次試験事例Ⅱでも出題されたことがある。それぞれの内容については、しっかりと理解しておきたい。

論点33 ダイレクトマーケティング

> 近年よく使われる手法として、消費者と直接交流し、応答を求める方式による、ダイレクトマーケティングがある。

1 ダイレクトマーケティングとは

コトラーは、ダイレクトマーケティングを「さまざまな広告媒体を利用して消費者と直接交流し、一般的には消費者からの直接の応答を求めるマーケティング」と定義している。近年はネットショップ、通信販売、テレビショッピングなど無店舗の小売店が盛んになっており、この業態をダイレクトマーケティングと呼ぶこともある。

【 ダイレクトマーケティング 】

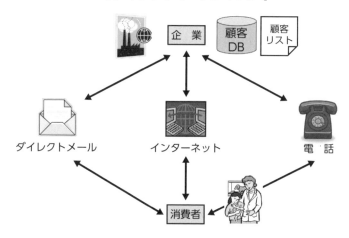

2 ダイレクトマーケティングの特徴

① 測定可能なレスポンスを活用した顧客情報の獲得 (アクイジション)

マスマーケティングにおいて、顧客の行動の結果は統計的なデータから得るしかないのに対し、ダイレクトマーケティングは、顧客からの注文、資料請求、来店履歴などから直接顧客の情報を獲得することが可能である。

② 反復販売

顧客リストや顧客データベースを活用して、顧客に効率的に反復販売を行う

ことができる。顧客属性や購買履歴、顧客からの要望などの情報から、顧客ごとに推奨商品などを変更して反復して販売することが可能である。

③ 顧客維持 (リテンション)

顧客に対し長期に販売を行おうとする場合に、顧客維持 (リテンション) も必要である。販売・販促プロモーションとは別に、顧客との関係性を高める活動も重要になる。

④ 顧客生涯価値 (ライフタイムバリュー) の獲得

企業は顧客との関係において、「いかに顧客と良好な関係を保ち、その顧客が長期的に利益をもたらすか」が重要である。ダイレクトマーケティングでは各顧客が企業に対しどの程度利益をもたらしているのかを測定しながら、顧客を選択することができる。

⑤ さまざまなコミュニケーション手段

ダイレクトマーケティングでは、さまざまなコミュニケーション手段を活用できる。通常、テレビ、雑誌等で電話番号やメールアドレスを案内する。また、ホームページ上の問い合わせページ、テレマーケティング、展示会出展、戸別訪問などでも、直接のコンタクトを訴求することができる。

❸ メリットとデメリット

① メリット

購買の可能性の高い顧客に焦点を当てることで広告の効果が高く、顧客要求を把握することで商品の販売計画を立てやすい。

② デメリット

収集した個人情報の管理が必要であり、情報漏洩時の影響が大きい。

追加 ポイント

インターネットの普及に伴って、ダイレクトマーケティングが急速に発展している。過去、出題はないが新しいマーケティングの流れとして押さえておきたいポイントである。

 令和5年度 第31問 (設問2) チャネル戦略 (D2C)

B 論点34　新しいマーケティング手法

> **ポイント**
>
> インターネットの普及に始まり、さらにここ数年ではSNSやスマートフォンの普及によって新しいマーケティング手法が急激に浸透してきている。ここでは、そのような新しいマーケティング手法について重要なものを紹介する。

1 O2O

O2Oとは、「オンライン・ツー・オフライン」の頭文字を取ったものであり、企業のWebサイトからの情報発信から、実際の店舗への訪問へと誘導させる手法である。具体的にはメールやLINE（ライン）、twitter（ツイッター）といった媒体でクーポンなどを送信し、店舗に誘導するといったことが実施されている。

デジタル化により、消費者に対し「直接的な」アプローチがしやすくなったことを背景とし、消費者の認知・検討と購買が分離する傾向への対応策として導入されている。

【 O2Oの基本的な流れ 】

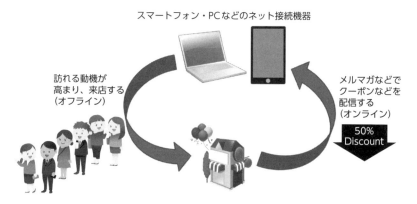

スマートフォン・PCなどのネット接続機器

訪れる動機が
高まり、来店する
（オフライン）

メルマガなどで
クーポンなどを
配信する
（オンライン）

50%
Discount

2 ショールーミング

ショールーミングとは、店舗で実際の商品を確認した後、インターネットにて安値で販売しているWebサイトを探し、オンライン上で購入することである。この現象は、スマートフォンの普及によりアプリや価格比較サイトで手軽に調

べることができるようになったことが背景にある。

　実店舗がオンラインショップのショールーム的な役割となってしまうことの危機感が増加し続ける一方、Webサイト上では価格比較がなされる前提でさまざまなマーケティング手法が行われている。

【 ショールーミングのイメージ 】

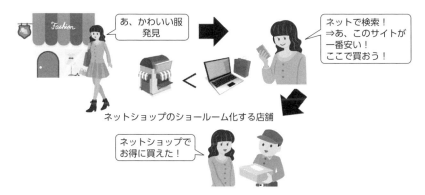

あ、かわいい服発見

ネットで検索！
⇒あ、このサイトが
一番安い！
ここで買おう！

ネットショップのショールーム化する店舗

ネットショップで
お得に買えた！

❸ ビッグデータ

　ビッグデータとは、一昔前のIT環境では分析などの取扱いが難しかった、大量かつ多様なデータ群のことをいう。

　IT環境の進展により、最近ではこのようなデータ群の分析・活用が容易となってきている。たとえば、従来は「○歳代の女性層」といったグループ単位での購買動向が一般的で、そこから先の分析は難しいとされてきた。しかし、そこへさらに踏み込んだ分析が可能となってきていることにより、より個々の顧客ニーズに即した商品展開のヒントが得られやすくなっている。この傾向を利用し、小売業などでは、より細分化したマーケティング対策が活性化してきている。

❹ オムニチャネル

　オムニチャネルとは、オムニが「あらゆる」という意味があることから連想できるように、実店舗やインターネットモールといったそれぞれのチャネル概念を超え、あらゆる場所や空間で顧客と接点を持とうとすることや、購入した媒体を問わず同等のサービスを顧客に提供しようとする、チャネルに対する新しいマーケティング手法である。顧客の誘導は行わない点でO2Oと異なる。

たとえば、オンラインショップであっても実店舗と同様の品揃えをすることで、商品選択性の担保や指定した場所への配送、購入商品が故障した時の引取りサービスなどを行う、といった小売店が増加している。

1で記載したO2Oもオンライン（インターネット）とオフライン（実店舗）をつなぐマーケティング施策であるが、オムニチャネルはこの考え方をさらに拡大したものとも捉えることができる。

5 アンバサダー

アンバサダーとは、SNSなどのソーシャルメディアを利用し、自らの知人や企業に対し、商品やサービスの訴求を率先して行おうとする消費者のことである。

類似したものとしてインフルエンサーがある。インフルエンサーとは、インターネットなどのメディア内にて強い影響力を持つ消費者であるものの、その商品やサービスに対しての思い入れはさまざまである。一方、アンバサダーの影響力はさまざまであるものの、ロイヤルティは概して高いといった違いがある。

こういった、自社の商品に対してのロイヤルティが高い消費者を活用した「口コミの発展形」としてのプロモーション施策を行う企業が増えている。

6 インバウンドマーケティング

インバウンドマーケティングとは、WebサイトやSNSにて何かを検索または調べている人に対して有益な情報を提供し、顧客とより強い関係性を構築しようとする新しいマーケティング手法である。

これまで、見込み顧客へのアプローチはテレビや雑誌広告によるプロモーションが主であったが、これらは必ずしも顧客が求めている情報とは限らなかった。これに対し、インバウンドマーケティングは、インターネットやSNSの発展を背景として、「何かを探している消費者」に対しポジティブな情報を提供するという、欲しい情報が簡単に検索できる現代ならではのマーケティング手法と考えられる。

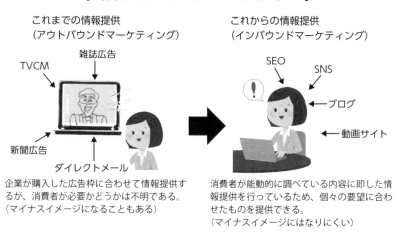

【 時代はインバウンドマーケティングへ 】

これまでの情報提供
（アウトバウンドマーケティング）

これからの情報提供
（インバウンドマーケティング）

企業が購入した広告枠に合わせて情報提供するが、消費者が必要かどうかは不明である。
（マイナスイメージになることもある）

消費者が能動的に調べている内容に即した情報提供を行っているため、個々の要望に合わせたものを提供できる。
（マイナスイメージにはなりにくい）

5 6 出所：『最新マーケティングの教科書』日経BP社

7 エスノグラフィー

　エスノグラフィーとは、長期間の観察やインタビューなどのフィールドワークを通じ、定量調査だけでは見えないリッチな定性情報を獲得・分析する手法である。消費者などの行動を細やかに観察し、そこから得られた洞察（インサイト）を、製品およびサービスの開発・改善や新事業のアイデアに生かすといった新しい手法であり、新たなイノベーションを起こす可能性があるとして期待が高まっている。調査手法としてはアンケートのような「顕在化した問題に対する仮説を検証する」方法とは対極であり、「潜在的な問題に対して仮説を立案し、深く掘り下げていく」といった比較的長期にわたる手法にて行う。

追加 ポイント

令和3年度にもO2Oやオムニチャネルが出題されるなど、近年出題頻度が高まっており、運営管理や情報システムにおいても関連問題が出題されている。最低限、本論点にて説明している用語は押さえておきたい。

過去問
令和5年度　第32問（設問1）　デジタル・マーケティング
令和3年度　第31問　流通政策
令和2年度　第31問　デジタル・マーケティング

論点35 その他の論点

> その他のマーケティング論に関する論点についていくつか説明する。

1 延期型マーケティングシステム

　販売時点の「実需」に合わせて俊敏に生産・配送を調整するシステムを延期型マーケティングシステムと呼び、販売数量を予想して「見込み」で生産・配送を行うシステムを投機型マーケティングシステムと呼ぶ。受注生産が典型的な例である。

【 延期型と投機型のマーケティングシステム 】

延期型マーケティング

投機型マーケティング

オーダー

柄を染める

需要を予測して作っておく

2 統合マーケティング・コミュニケーション

　IMC（Integrated Marketing Communication）と呼ばれ、標的とする市場に説得力のある一貫したマーケティングメッセージを伝達するため、マスメディア広告、インターネット広告、人的販売活動、広報活動、スポンサーシップ、インストア・プロモーションなど、多様なコミュニケーション手段を統合的に活用しようという考え方である。

3 インストア・マーチャンダイジング

　インストア・マーチャンダイジング（ISM）は、「小売店頭で、市場の要求に合致した商品及び商品構成を、最も効果的で効率的な方法によって、消費者に提示することにより、資本と労働の生産性を最大化しようとする活動」と定義

される。スペース・マネジメント（商品露出力）、インストア・プロモーション（商品刺激力）の2つの活動から構成されている。

【 インストア・マーチャンダイジング 】

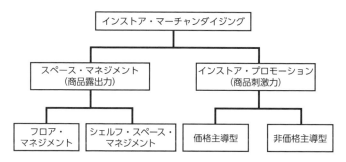

④ 経験価値マーケティング

　ここでいう経験価値とは、顧客が商品の利用経験を通じて得ることのできる体験や感動のことである。そこで、いかにして価値ある体験や感動を与えられるかを工夫するのが経験価値マーケティングである。具体的には、コーヒーのような最寄品において、自販機で100〜150円で購入できる缶コーヒーがある一方、店舗のブランドイメージやサービスを強化し、顧客が「その価値に、それ相応の対価を払ってもよい」としたうえで、自販機で購入する何倍もの値段でコーヒーを提供するといった手法が考えられる。

追加｜ポイント

> 統合マーケティング・コミュニケーションは、顧客視点で練り上げられ、消費者とブランドとの多様な接点の統合的な管理を目指す。

過去問　過去5年間での出題はない。

【 参考文献 】

1. 『コトラーのマーケティング入門』フィリップ・コトラー、ゲイリー・アームストロング著、恩藏直人監修、月谷真紀翻訳　ピアソン・エデュケーション

2. 『競争優位のブランド戦略』恩藏直人著　日本経済新聞出版社

3. 『インストア・マーチャンダイジング』財団法人流通経済研究所編　日本経済新聞出版社

4. 『MBAマネジメントブック』株式会社グロービス編著　ダイヤモンド社

5. インヴィニオ リーダーシップインサイト　http://leadershipinsight.jp/

6. exBuzzwords用語解説　http://www.exbuzzwords.com/

7. コト・バンク　http://kotobank.jp/

8. 『消費者行動の知識』青木幸弘著　日本経済新聞出版社

9. 『国際マーケティング』小田部正明／K.ヘルセン著、栗木契監訳　碩学舎

10. 『今日から即使えるコトラーのマーケティング戦略54』中野明著　朝日新聞出版

11. 『最新マーケティングの教科書』日経デジタルマーケティング編集　日経BP社

【 か行 】

【 さ行 】

【 編者 】

中小企業診断士試験クイック合格研究チーム

平成13年度以降の新試験制度に合格し、活躍している新進気鋭の中小企業診断士7名の研究チームであり、2次試験対策で毎年ベストセラーである『ふぞろいな合格答案』の執筆者で占められている。

メンバーは、山本桂史、梅田さゆり、志田遼太郎、中村文香、山本勇介、赤坂優太、大久保裕之。

上記研究チームのメンバーは診断士試験の受験対策だけでなく、企業内での業務改善に取り組んだり、全国各地の創業支援・事業継承・新規事業展開ならびに人事改革のコンサルティングやセミナーなどを通し中小企業支援の現場に携わっている。

本書「企業経営理論」は、志田遼太郎により執筆。

本書出版後に訂正（正誤表）、重要な法改正等があった場合は、同友館のホームページでお知らせいたします。

2024年1月10日　第1刷発行

2024年版
中小企業診断士試験 ニュー・クイックマスター
③ 企業経営理論

編　者　中小企業診断士試験クイック合格研究チーム
　　　　　　　　　　　　　　　志 田 遼 太 郎
発行者　　　　　　　　　　　　脇 坂 康 弘

発行所 株式会社 同友館　〒113-0033 東京都文京区本郷2-29-1
　　　　　　　　　　　　　TEL. 03 (3813) 3966
　　　　　　　　　　　　　FAX. 03 (3818) 2774
　　　　　　　　　　URL https://www.doyukan.co.jp

落丁・乱丁本はお取替えいたします。　　KIT / 中央印刷 / 東京美術紙工
ISBN 978-4-496-05676-5 C3034　　　　Printed in Japan

本書の内容を無断で複写・複製（コピー），引用することは，特定の場合を除き，著作者・出版社の権利侵害となります。また，代行業者等の第三者に依頼してスキャンやデジタル化することは，いかなる場合も認められておりません。

⬛同友館　中小企業診断士試験の参考書・問題集

2024年版 ニュー・クイックマスターシリーズ

1	経済学・経済政策	定価2,200円（税込）
2	財務・会計	定価2,200円（税込）
3	企業経営理論	定価2,310円（税込）
4	運営管理	定価2,310円（税込）
5	経営法務	定価2,200円（税込）
6	経営情報システム	定価2,200円（税込）
7	中小企業経営・政策	定価2,310円（税込）

2024年版 過去問完全マスターシリーズ

1	経済学・経済政策	定価3,300円（税込）
2	財務・会計	定価3,300円（税込）
3	企業経営理論	定価3,850円（税込）
4	運営管理	定価3,850円（税込）
5	経営法務	定価3,300円（税込）
6	経営情報システム	定価3,300円（税込）
7	中小企業経営・政策	定価3,300円（税込）

中小企業診断士試験1次試験過去問題集	定価3,740円（税込）
中小企業診断士試験2次試験過去問題集	定価3,630円（税込）
新版「財務・会計」速答テクニック	定価2,420円（税込）
診断士2次試験 事例Ⅳの全知識＆全ノウハウ	定価3,520円（税込）
診断士2次試験 事例Ⅳ合格点突破 計算問題集（改訂新版）	定価2,860円（税込）
診断士2次試験 ふぞろいな合格答案10年データブック	定価4,950円（税込）
診断士2次試験 ふぞろいな答案分析7（2022〜2023年版）	5月発売
診断士2次試験 ふぞろいな再現答案7（2022〜2023年版）	5月発売
診断士2次試験 ふぞろいな合格答案エピソード17	7月発売
2次試験合格者の頭の中にあった全知識	7月発売
2次試験合格者の頭の中にあった全ノウハウ	7月発売

https://www.doyukan.co.jp/

〒113-0033　東京都文京区本郷 2-29-1
Tel. 03-3813-3966　Fax. 03-3818-2774